재일코리안의 삶과 문화 ③

'문화·예술' 편

재일코리안의 삶과 문화 ③
'문화 · 예술' 편

초판 1쇄 발행   2015년 11월 30일

엮은이 ㅣ 정희선 김인덕 성주현 황익구 동선희
펴낸이 ㅣ 윤관백
펴낸곳 ㅣ 🅺도서출판선인

등   록 ㅣ 제5-77호(1998.11.4)
주   소 ㅣ 서울시 마포구 마포동 324-1 곳마루 B/D 1층
전   화 ㅣ 02)718-6252/6257
팩   스 ㅣ 02)718-6253
E-mail ㅣ sunin72@chol.com

정가 13,000원

ISBN   978-89-5933-944-0 94900
ISBN   978-89-5933-941-9 (세트)

청암대학교 재일코리안연구소
재일코리안 구술자료총서 3

재일코리안의 삶과 문화 ③

'문화 · 예술' 편

정희선 · 김인덕 · 성주현 · 황익구 · 동선희

 도서출판 선인

책을 내면서

한국학중앙연구원 한국학진흥사업단의 지원을 받아 2011년 12월부터 시작된 5년간의 학술프로젝트, 『재일코리안 100년』이 시작된 것이 바로 엊그제 같은데, 벌써 4년차가 훌쩍 지났습니다. 한국 연구자 7명, 일본 연구자 5명이 비록 국적과 연구 공간은 다르지만 많은 기대를 가지고 한 가족처럼 연구를 개시하였습니다. 최근 한일간의 어려운 여건도 없지 않았지만 이를 극복하고 유기적인 연구를 수행하여 적지 않은 연구 성과를 축적하였습니다. 그리고 4년차를 맞아 그동안 준비한 구술자료집 『재일코리안의 삶과 문화』를 간행하게 되었습니다.

본 구술자료집은 '재일코리안 디아스포라 100년─새로운 '재일코리안상(像)'의 정립─'의 2차년도 사업의 하나인 자료집을 간행하기 위한 작업의 일환으로 진행되었습니다. 구술 주제는 2차년도 사업의 주제인 '재일코리안의 생활문화와 변동'에 맞추어 개인의 삶에 초점을 맞춘 '다양한 삶의 기록', 민족교육 등 재일코리안 교육에 헌신한 '교육과 학술', 그리고 재일코리안의 예술과 문화 활동을 중심으로 한 '문화와 예술'로 정하였습니다.

구술자료집 초기 기획은 재일코리안이 가장 많은 지역인 간사이지역(關西地域)을 중심으로 재일코리안 1세대인 올드커머와 뉴커머를 대상으로 12명을 예상하였습니다. 그러나 구술의 다양화를 도모한다는 전제하에 구술 지역과 대상자를 폭넓게 하자는 의견에 따라 좀 더 다양한 재일코리안의 삶과 문화를 살펴보기 위해 기존 코리안타운이 형성된 간사이지역(關西地域)뿐만 아니라 간토지역(關東地域)까지 구술지역의 범위를 확대하기로 하였습니다. 그리고 구술 대상자도 가능하면 25명 내외로 확대하였습니다. 그리고 최종적으로는 24명의 재일코리안의 삶을 담았습니다.

본 구술자료집의 구성은 앞서 언급한 바와 같이 '다양한 삶의 기록', '교육과 학술', '문화와 예술'을 주제로 3권으로 되었습니다. 비록 각권마다 구술의 주제는 다르지만 재일코리안의 역사와 문화, 그리고 삶의 향기가 느껴지는 내용이라고 할 수 있습니다. 이렇게 책으로 묶여진 구술자료집이 재일코리안을 이해하는데 조금이라도 도움이 되기를 기대해 봅니다.

재일코리안연구소는 청암대학교 교책연구소입니다. 연구소에서는 재일코리안과 관련된 자료집과 저서, 번역서 발간 등 재일코리안 관련 사업을 다각도로 추진하고 있습니다. 연구소는 앞으로도 지속적인 관심을 가지고 재일코리안의 삶을 담을 수 있는 구술자료집 이외에도 문헌자료집, 사진자료집을 간행할 계획입니다.

이 구술자료집은 재일코리안 연구를 시작하면서 진행되어 만 4년 만에 햇빛을 보게 되었습니다. 무엇보다도 바쁘시고 어려운 여건에서도 본 구술에 참여해주신 분께 진심으로 감사의 인사를 드립니다. 더욱이 요즘 같이 일본의 안보법안 통과와 일제강점기 위안부 문제 등으로 한일 관계가 원만하지 않은 상황에서도 기꺼이 구술에 참여해주신데 대해 다시 한 번 감사드립니다. 그동안 구술과 녹음 풀기, 교정과 교열을 맡아 함께 한 성주현, 황익구 전임연구원에게 감사를 드립니다. 또한 전체적으로 구술자료집이 나오기까지 총괄한 공동연구원이며 본 연구소 부소장 김인덕 교수에게도 감사드립니다. 그리고 지금은 함께 하고 있지 않지만 초기부터 구술 작업을 하였던 전 동선희 전임 연구원의 노고에도 감사의 인사를 전합니다.

그리고 저희 연구소와 이 프로젝트에 관심과 격려를 보내 주신 우리 청암대학교 강명운 총장님을 비롯해 여러 분들께 감사를 드립니다. 본 연구 성과물을 비롯하여 문헌자료집, 재일코리안사전 등 저희 연구소의 대부분의 간행물을 출판해 주시는 도서출판 선인 윤관백 사장님과 편집실 여러분께도 인사를 올립니다.

앞으로 우리 사회가 재일코리안 문제에 좀 더 관심을 갖고 일본에 사는 동포들과 마음으로 소통하게 되었으면 좋겠습니다. 이 책이 그러한 관심에 부응하는 학술적인 성과로 남았으면 합니다.

2015년 11월
청암대학교 재일코리안연구소 소장 정희선

목 차

재일코리안의 삶과 문화 ③ - '문화 · 예술' 편

해 제

    본 구술자료는 '재일코리안 디아스포라 100년 – 새로운 '재일코리안 상(像)'의 정립 –'의 2차년도 사업의 하나인 자료집을 간행하기 위한 작업의 일환으로 진행되었다.

    본 구술자료는 초기 기획은 재일코리안이 가장 많은 지역인 간사이 지역(關西地域)을 중심으로 재일코리안 1세대인 올드커머와 2, 3세대 인 뉴커머를 대상으로 하고자 하였다. 그리고 구술대상자는 12명을 예 상하였다. 이에 구술작업은 본 사업의 시작과 함께 진행되었다. 그러 나 구술의 다양화를 도모한다는 전제하에 구술 지역과 대상자를 폭넓 게 하자는 의견에 대두되었다. 이에 어려운 여건에서도 좀 더 다양한 재일코리안의 삶과 문화를 살펴보기 위해 기존 코리안타운이 형성된 간사이지역뿐만 아니라 간토지역(關東地域)까지 구술지역의 범위를 확대하기로 하였다. 그리고 구술 대상자도 가능하면 25명 내외로 확대 하기로 하였다.

    이에 따라 구술할 대상자를 선정하기 위해 여러 차례 기획회의를 개 최하는 한편 재일대한민국민단 등을 통해 추천을 의뢰하기도 하였다. 구술 주제는 2차년도 사업의 주제인 '재일코리안의 생활문화와 변용' 에 맞추어 개인의 삶에 초점을 맞춘 '다양한 삶의 기록', 민족교육 등 재일코리안 교육에 헌신한 '교육과 학술', 그리고 재일코리안의 예술과 문화 활동을 중심으로 한 '문화와 예술'로 정하였다. 이에 따라 본 연구소에서 진행한 구술 작업은 다음과 같다.

본 구술작업은 모두 여섯 차례 이루어졌는데, 다음과 같다. 이 중 네 차례는 일본 현지에서, 그리고 두 번은 국내에서 진행되었다. 여섯 차례의 구술작업을 통해 총 25명에 대한 구술을 마칠 수 있었다.

■ 1차 구술작업
기간 : 2012년 4월 5일부터 8일(4박5일)
장소 : 간사이지역
구술대상자 : 전성림 외
구술자 : 정희선, 김인덕, 동선희
촬영 및 녹음 : 성주현

■ 2차 구술작업
기간 : 2012년 7월 4일부터 8일(4박5일)
장소 : 간사이지역
구술대상자 : 전성림
구술자 : 동선희

■ 3차 구술작업
기간 : 2013년 2월 22일부터 26일 (4박5일)
장소 : 간사이지역
구술대상자 : 김성재 외
구술자 : 정희선, 김인덕, 동선희
촬영 및 녹음 : 성주현

■ 4차 구술작업
기간 : 2013년 4월 4일부터 7일까지(3박4일)
장소 : 간토지역

구술대상자 : 오영석 외
구술자 : 정희선, 김인덕, 동선희
촬영 및 녹음 : 성주현

■ 5차 구술작업
기간 : 2013년 5월 12일
장소 : 순천
구술대상자 : 하정웅
구술자 : 정희선, 김인덕, 동선희
촬영 및 녹음 : 성주현

■ 6차 구술작업
기간 : 2013년 8월 6일
장소 : 순천
구술대상자 : 김인숙 외
구술자 : 동선희
촬영 및 녹음 : 성주현

본 구술자료는 총 25명의 구술대상자 중 22명의 구술을 정리한 것이다. 현재까지 정리한 구술을 주제별로 정리하면 다음과 같다.

■ 재일코리안의 삶과 문화 - '다양한 삶의 기록' 편
  (1) 이동쾌 : '히가시오사카 사랑방'의 90세 할머니
  (2) 전성림 : 독립운동가의 아들로서 살아온 삶
  (3) 우부웅 : 바둑으로 일군 한일·남북교류
  (4) 김성재 : 김밥과 눈물로 쓴 쓰루하시(鶴橋)의 삶
  (5) 오영석 : 김치로 도쿄를 디자인한 뚝심
  (6) 박양기 : 한국 문화를 전파하는 고려무역 재팬
  (7) 하귀명 : 민단 부인회에 바친 열정

(8) 한진영 : 김치 샌드위치 속에 나타난 한국의 얼

(9) 구 철 : 삼겹살로 일본을 사로잡은 풍운아

■ 재일코리안의 삶과 문화 - '교육 · 학술' 편

(1) 강덕상 : 조선사 연구의 외길

(2) 강 철 : 재일코리안의 삶을 정리한 '재일코리안 연표'

(3) 서용달 : 앞장 서 획득한 재일코리안의 각종 권리

(4) 박병윤 : 민족교육의 연구자이며 실천가

(5) 양성종 : 일본 속의 제주도인

(6) 고정자 : 재일코리안의 생활문화 연구자

(7) 박종명 : 조선사 연구의 선구자

(8) 서근식 : 호르몬 사업과 재일동포사 연구 30년

■ 재일코리안의 삶과 문화 - '문화 · 예술' 편

(1) 김후식 : 민족의식을 일깨운 언론인

(2) 하정웅 : 나눔을 실천하는 미술품 컬렉터

(3) 김수진 : 극단 양산박을 세운 연출가

(4) 조 박 : 재일 문화를 이끄는 노래꾼

(5) 김인숙 : 자신의 이름을 남기고 싶은 사진작가

(6) 젠바라 : 일본과 한국에서 평생 연기하고 싶은 배우

(7) 현가야 : 민족교육 속에서 성장한 재일교포 3세

민족의식을 일깨운 언론인

- 이름 : 김후식
- 대담일자 : 2012년 4월 5일
- 대담장소 : 효고현(兵庫縣) 고시엔(甲子園) 역 근처 커피숍
- 대담시간 : 59분
- 대담면담자 : 동선희
- 녹음 : 성주현

■ 김후식(金厚植)

1925년 6월 9일 경북 선산군(현 구미시)에서 출생하였다. 선산공립
보통학교, 대구사범학교를 졸업한 후 1944년 선산초등학교 교사로 부
임하였다. 해방 직후인 1945년 10월 일본으로 이주하였으며 교토대학
(京都大學)에 입학하는 한편 재일코리안 신문인『조선신보』,『동화신
문』,『한국신문』등에서 30년간 기자 생활을 하였다. 이외에도 오사카
(大阪) 경상북도민회 상무이사로 활동한 바 있다. 현재 오사카(大阪)
덴노지구(天王寺區)에 거주하고 있다.

■ 인터뷰에 관해

본 인터뷰는 효고현(兵庫縣) 고시엔(甲子園) 역 근처의 커피숍에서
진행되었다. 처음 만났음에도 불구하고 수수한 모습으로 나오셔서 평
안하게 인터뷰를 할 수 있었다. 약 한 시간 동안 진행된 인터뷰는 커피
숍이라는 장소의 한계로 인해 녹음이 조금 불안하기도 하였지만 자신
이 경험하였던 것을 진솔하게 설명해주었다. 그리고 자신이 기자로 근
무하였던『조선신보』를 흔쾌히 제공해주었다.

■ **구술내용**

해방 전 모교에서 교직생활

Q : 선생님이 경험하시고 그리고 살아오신 얘기를 어릴 때부터 말씀
   해 주실 수 있을까요?

A : 어릴 때부터라면 기억할 수 있는가 모르겠습니다.

Q : 마음 편하게 이야기 해주세요.

A : 예예. 출생지부터 말 할까요? 경상북도. 지금은 구미시가 되었죠?
   공업단지라 해가지고. 옛날에 선산 구미라 했어요. 바로 역전에서
   제가 태어났습니다. 1926년. 그리고 국민학교 그 당시에는 우리
   공립보통학교라고 했죠? 그 후에 국민학교가 되고, 소학교가 되
   고. 지금은 초등학교. 옛날에는 공립보통학교라 그랬죠? 졸업하
   고. 제가 박정희 대통령 11회 후배입니다. 대구사범학교 강습소를
   졸업했습니다.

Q : 그럼 교육계 쪽에서도 계셨었나요?

A : 예. 그래서 제 모교에서 선생으로 있었습니다. 학교를 다닐 때는
   공립보통학교였는데 국민학교가 되어 있었어요. 제가 사범학교를
   졸업할 때에는 국민학교가 되어 있었어요. 그 학교에 1944년도에
   부임해서 제가 해방되고 일본에 공부 좀 더 할려고 들어왔는데 그
   대로 주저앉았어요. 해방되던 해에 뭐 각지에 대학도 문을 열고
   했는데 들어가 보니까 강의를 내가 했으면 더 잘 하겠더라구요.
   그래도 일본은 전통이 있으니까 좋은 교수들도 해방 전부터 내가
   이런저런 유명한 교수들 많이 알고 있었으니까. 그래서 일본에 들
   어왔지요.

해방 후 일본으로 유학

Q : 해방 후에 들어오셨습니까?

A : 그러니까 해방되던 해에. 해방되고 제가 10월 달에 들어왔습니다. 왜냐하면 일본에는 교포가 있었는데, 제 고향 선배가 일본에서 큰 고무공장을 하고 있었어요. 오사카에서. 전시 중에 대단히 큰 폭격이 위험하다 그래서 가족을 고국으로 보냈습니다. 근데 해방되고 나서 가족들이 다시 공장을 찾아 일본을 가는데, 거기에 제가 가르치는 제자가 있었어요. 나도 일본에서 공부를 더 하겠다고 해서. 일본에 가자, 그럼 같이 가자 해서 일본에 왔습니다. 그래서 와보니까 혼란했어요, 우리나라에서도 말을 못할 정도로 혼란이 대단했지만 일본도 혼란이 대단했었어요. 일본 사회 전체가 그 당시에 일본이 패전국이라 국민들의 생활고는 말도 못했습니다. 일본에 이런 말이 있었어요. "굶어 죽기 싫으면 조선사람 뒤에만 따

구술하는 김후식 선생

라다녀라." 일본 사람이. 그 당시에는 한국 사람이라 하지 않고 조
선 사람이라 그랬거든. 조선 사람을 따라다니면 굶어 죽는 건 면
한다 그런 말까지.

Q : 해방 후 건너오셔 가지고 직업이라든지.
A : 그때 마침 고향 선배가 고무공장으로 크게 돈을 벌었어요. 해방
전에도 군수공장으로 돈을 벌었고.

Q : 혹시 성함이
A : 유수현(柳洙鉉) 씨라고. 나중에 신문사까지 만들어서 운영도 많이
했는데 고향 선배입니다. 온 그날부터 그 집에서 먹고 그 집에서
자고 그랬죠. 그런데 공교롭게도 내가 대학 공부를 하려 왔는데
이 사람이 신문사를 만들어놨어요. 유수현 씨가.

Q : 신문 이름이 어떻게 됩니까?
A : 그 당시에는 『조선신보(朝鮮新報)』라고 했습니다. 조선신보. 해방
직후 돈을 많이 벌었으니까 교포들이 "유사장 당신이 돈을 많이
벌었으니까 문화 사업을 해라, 신문사 하나를 만드는 것이 어떻겠
느냐" 하니까 뭐 내가 하겠다. 적지 않은 돈을 내서 준비하고. 거
그러니까 뭐냐, 건물도 사고 윤전기도 샀지요, 그런데 자모 그러
니까 활자는 시간이 걸리니까 신문이 발간되기는 그 이듬해 1946
년 9월부터 신문이 나왔죠. 신문을 준비하는데 근 1년이 걸렸어요.
그런데 보니까 일본에서 신문기자들을 채용했는데 우리말 신문을
내야 하니까, 채용된 기자들에게 우리말을 강사들이 하루에 몇 시
간씩 가르치고 있었어요. 그런데 형편없는 철자법을 가르치고 있
어. 옛날의 것을. 강사 자체가.(웃음) 기차 차서. 그래서 내가 그랬

지요. 강사들에게 그런 철자법은 안 된다고. 지금 철자법이 그렇
지 않다. 통일 철자법이 있으니까. 오히려 내가 강사들을 가르쳤
죠.

Q : 그럼 선생님이 직접 기자들을 가르친 것은 아니지요.
A : 예. 그런데 나중에는 기자들이 가르쳐 달라고 해서 직접 가르쳤지
요. 오히려 내가 강사보다 실력이 나으니까. 내가 직접 강사를 했
지요. 그들에게 우리말이야 뭐야 가르치고. 내가 몇 권 가지고 간
우리나라 책이 있어서.

Q : 그 책이 혹시 어떤 책인지?
A : 그 뭐 지금도 생각나는데, 그 당시에 이태준 씨나 이북 월북했는
데 이기태라는 사람이 있었습니다. 뭐 또 여러 가지 작가들의 『문
장독본』 같은 책이 있었어요. 해방 후에 학교의 부교본으로 아마
사용되고 했던 그런 책도 가지고 가고. 또 이태준 씨의 책인데,
『사상(思想)의 월야(月夜)』[1]라는 책이 있어요. 그런 것으로 몇 권.
그 당시에는 인쇄하고 그런 것이 없으니까 가리방 그놈으로 교본
으로 돌리고 가르치고. 한 4개월을 강사 노릇을 했죠.

Q : 그 기자들이 우리 조선 사람들이었어요?
A : 예. 물론 일본 사람들은 우리말을 모르니까.

신문기자들에게 한글 교육
Q : 그럼 일본에서 제대로 조선어를 제대로 교육을 받지 못한 그런 조

---

[1] 『사상의 월야』는 이태준의 자전적 소설로 1941년 3월 4일부터 7월 5일까지 『매일
신보』에 연재되었던 미완의 작품이다. 1946년 단행본으로 간행되었다.

선 사람이었겠네요.

A : 뭐 보통학교 출신들이지. 그 당시에는 교육도 제대로 하지도 않았으니까. 조선어 시간이 있어도 1주일에 몇 시간이 없었어요. 그 시간에는 밖으로 나가서 양돈이라든가 풀 뽑기 등을 했으니까. 시간도 없었고 옳게 배우지 못했죠. 그런데 저는 다행히 우리말 실력이 제법 있었어요. 왜냐하면 우리 집이 기독교 신자였어요. 성경 책도 있었고, 또 월간으로 나온 책도 있었고. 시조사에서 나온 『시조』²⁾라는 것이 있었어요. 그것을 보다가 모르는 것이 있으면 선친에게 물어보기도 했었죠. 해방 전후도 제가 교직으로 있었으니까. 경상북도 도교육국에서 각 학교의 교사들을 모아가지고 한 1주일 정도 우리말 특강을 하기도 했는데, 그래야 제대로 가르칠 수 있으니까. 저도 강습을 받았는데 별로 배울 거 없더라고요. 그 당시에 우리말로 나오는 신문이 있었는데 『매일신보』³⁾라는 것이 있었어요. 그거 우리말로 나왔습니다. 우리 가친이 그것을 구독하셨어요. 해방 후에 교원들이 우리 학교에 약 한 30명 있었는데 죄다 우리말 몰라 쩔쩔매는데 난 부족한 것이 없었어요. 다행이라 할까 그렇습니다. 그래서 일본에 와서 아무런 문제없이 지냈습니다. 그 다음에 대학에 입학을 했는데 학교에는 못가고 신문만 쭉 만들었어요. 신문을 좀 봐달라고 해서.

Q : 그때부터 기자생활을 하셨어요?

A : 그러니까 그때부터 제가 신문사 일을 하게 되었지요.

---

²⁾ 『시조』는 제칠일안식일에수강림교에서 1909년에 설립한 시조사에서 간행한 월간 교양지이다.

³⁾ 조선총독부 기관지. 당시 유일한 한글신문이었다.

Q : 편집 그런 걸 다하시고.

A : 처음에는 기자를 안 두고 했지요. 사외사람으로. 시작하면서 기자들이 기사를 쓰고 하는 것을 보니까 형편없는 기사고 다들 쩔쩔맨단 말이에요. 한 몇 달 강습 받아가지고 기사를 쓰니까. 그러다 보니 저보고 교정해 달라 하니깐. 난 직원도 아닌데 사주집의 손님인데. 그 당시 볼펜도 없었어요. 붉은 잉크 아니면 붉은 연필⁴⁾로 내가 그놈으로 쭉쭉 교정해주고 고쳐주고 신문사 일을 하게 됐죠. 편집국장이 기자를 해주시오, 교정도 봐주시오 해서 제가 기사도 쓰고, 기자로도 나가고 그렇게 됐죠. 그러다 보니까 밤늦게까지 일을 하게 되고 시간이 없어서 학교를 갈 시간이 없었어요. 40여 년 신문사 일 하게 되고 그렇게 돼버렸어요.

Q : 아, 학교를 결국 못 마치셨나요?

A : 못 갔습니다. 하지만 그거보다 더 좋은 공부를 했죠.

Q : 학교는 어느 학교를 입학하셨어요?

A : 경도대학. 해방 전 일본의 동남아 점령국인 버마 지금은 미얀마, 태국, 인도네시아, 필리핀, 중국, 만주 이런데서 엘리트들이 일본 국립대학을 가려고 많이 왔어요. 그 사람들 일본말 모르죠? 그러니까 일본말을 우선 가르쳐 가지고 대학에 공부를 시작시켰다고. 그것을 특설과라 했는데, 특별히 설치했다고 해서. 그것이 있었어요. 해방 후에도 그 사람들 아직 남아있었으니까 거기에 제가 들어갔죠. 외국인으로. 나도 외국인으로 들어가 보니까 일본말은 내가 선생질을 하고 싶을 정도로 잘하는데, 일본말 배우기가 하도

---

⁴⁾ 색연필.

기가 차서.(웃음) 그래도 의무적으로 배워야 하니까. 그래서 일본 말 끝나고 나면 1주일에 한 번씩 리포트를 낸단 말이에요. 중국 출신이니 필리핀 출신이니 안 그러면 지금 뭐 태국이나 유학생들이 형편없는 일본말로 써낸 거 보면 내가 봐주고 하면, 와다(和田)라고 하는 일본 교수가 나를 불러서 "자네가 봐주고 있는데 공짜로 봐주지 말고 보수를 받으라고. 그러면 수입이 좀 있을 거 아니겠느냐, 그냥 봐주지 말고. 바쁘니까 봐주지 마라." 교수가 이런 말까지 해주었습니다. 그것도 나중에는 바빠서 가지 못하고, 신문사 일이 더 많아지니까.

『조선신보』 발행에 참여

Q : 『조선신보』가 언제까지 발행이 되었나요?

A : 해방되어 이듬해 9월부터 시작을 해서 『조선신보』가 나왔고. 또 일본어판 신문으로 특가지로 『신세계신문』이 석간으로 나왔어요.

Q : 두 개가 나왔어요.

A : 두 개의 신문을 냈는데, 1948년 우리나라 정부가 수립되고 나서 '조선'이란 말 쓰기가 좀 어색하지 않느냐 하는 반론이 있어 가지고 개명했죠. 『신세계신문』 국어판이라고.

Q : 아 국어판?

A : 예. 『조선신보』를 『신세계신문』으로 개명을 했죠. 조선신보사가 없어졌어요. 1946년부터 시작해서. 그것이 나중에 문을 닫게 되었는데, 사장인 유수현 씨가 그만두고 송기복 씨가 사장이 되었지요. 그래서 그 신문을 유수현 씨가 그만 둘 때 저도 그만 두었습니다. 그래도 그 신문은 계속해서 나오게 되었고. 그리고 나서 영주

권 신청을 하게 되었고. 1992년까지 신문이 나오고 있었죠.

Q : 1992년까지요. 오래 나왔네요. 그 신문들이 혹시 보관되어 있나
모르겠네요.

A : 사장실에 보관되어 있을지 모르겠습니다. 『신세계신문』 말고 『조
선신보』의 축소판이 저한테 옛날 것이 하나쯤 있을 건데. 참고로
보고 싶다면 집에서 찾아보면 나올 겁니다. 언제까지 계시겠어요?

Q : 8일까지 있어요. 8일 날 오전쯤에 다시 이곳에서 보면 어떨까요.

A : 보시고 저한테 돌려주셔야 합니다. 반드시 돌려준다고 약속을 하
신다면은 빌려드릴 수 있죠. 반드시 돌려주신다고 약조를 하면.

Q : 총장님의 명예를 걸고라도 돌려드리죠. 잘 아시니까. 선생님께서
저희들에게 신문을 빌려주실 수 있다면 한국에 가서 복사하고 다
시 돌려드려도 될까요.

A : 예. 제가 빌려드리죠.

Q : 감사합니다.

A : 그러면 어떻게 전달할까.

Q : 아 저희가 일요일 날 산노미야(三宮)에 나오거든요. 산노미야에
나오기 때문에 혹시 시간이 되시면.

A : 예. 축소판이 한 요만하게.

Q : 한 권 만요. 원래는 몇 권?

A : 그게 또 이상한 게. 그게 해방 직후에 전부 미군들이 검열을 해서

한 부씩 납부를 했습니다. 그때 미군 장교가 미국 본부에 가져가
서 축소판을 만들어서 저한테 부쳐왔어요. 제가 보여드리지요.

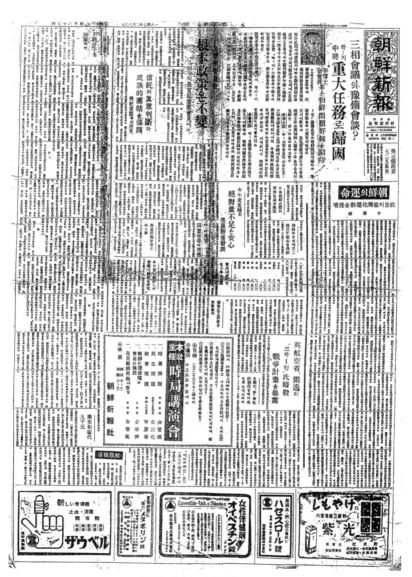

김후식 선생이 발행한 『조선신보』

동경에서 민단 신문 발행

Q : 예. 감사합니다. 그럼 그 후 어떻게 지내셨나요.

A : 그곳을 그만두고 제가 『동화신문(同和新聞)』이라는 신문사에 입사했어요. 거기에 있다가 1966년, 그러니까 일본에 있는 거류민단(居留民團)[5]에 기관지가 있었어요. 민단 단원들에게 배포하는. 거기에서 와 달라 그랬어요. 지금은 돌아가신 권일(權逸)[6] 씨라고. 국회의원이랑 민단 단장까지 하신 분이 있었거든요. 그분이 그때 민단 단장으로 계셨는데, 그분 동생하고 학생시절 같이 지냈어요. 그래서 형님이라고 하고 지냈습니다. 권일 단장이 중앙에 올라와서 기관지를 옳게 잘 만들어달라는 거예요. 왜냐하면 우리 교포들이 우리말을 읽을 줄을 몰라요. 당시 민단에서는 일본어로 나오는 중앙기관지로 『한국신문(韓國新聞)』이라는 것이 있었어요. 편집장으로 제가 가서 7년 동안을 있었어요. 처음에는 1년, 2년 동안만 있어 달라했는데, 1년만 더 있어 달라, 더 있어 달라 해서 7년 동안이나 거기에서 일을 했어요. 그 나중에는 영주권운동 신청에 바빴고, 호외까지 내고. 처음에는 1주일에 한 번씩 내는 주간지였는데 격일간으로 내고 바쁜 시기여서 그만 둘 수가 없어서 1973년까지 일을 했습니다.

Q : 그 당시 나왔던 신문도 혹시 보관되어 있나요?

---

5) 현재 재일본대한민국민단.

6) 1911~2001. 경상북도 예천군 출신. 일본에 유학하여 메이지 대학을 졸업하고 고등문관시험 사법과에 합격하여 법조인이 되었으며 만주국 사법 관료로 활동했다. 해방 후에는 일본에서 변호사를 개업하였으며, 도쿄에 머물면서 재일본대한민국민단 단장을 역임하는 등 우익 계열의 재일 한국인으로 활동하였다. 2009년 친일반민족행위진상규명위원회가 발표한 친일반민족행위 704인 명단에도 포함되었다.

A : 예. 민단에 가면 보관되어 있을 겁니다. 그리고 그 일 그만두고 다시 『동화신문』의 편집장으로 왔습니다. 1973년도에 제가 오사카(大阪)로 오게 되었습니다. 뭐 오사카에서 오래 살다 보니까 도쿄는 타향 같아서 뭐 정이 안 들었어요. 7년이나 살아도. 그래서 다시 오사카로 돌아오게 되었습니다.

Q : 그때는 도쿄에서 생활하셨나요.
A : 예. 도쿄에 기관, 즉 중앙본부가 있었으니까요.

Q : 그게 도쿄에 어디쯤 입니까? 신문을 발행하는 곳이?
A : 민단 중앙본부 안에 있습니다.

Q : 바로 안에?
A : 예. 바로 안에,

Q : 그러면 『동화신문』으로 오셨는데, 그 곳이 어디쯤입니까?
A : 그 당시 『동화신문』이 오사카시(大阪市) 니시구(西區) 에도보리(江戸堀)라고 여기에 있었는데.

Q : 『동화신문』을 만든 사람은 누군가요?
A : 마연호(馬淵淳) 씨라고.

30년간 기사생활

Q : 그건 언제 만든 거예요?
A : 그게 아마 1950년대에 만들었을 겁니다. 『조선신보』보다 훨씬 뒤에. 『조선신보』 영업부장으로 있던 분이 만들어놨어요. 영업부장

을 하다가 자기가 여기저기 만든 광고들 많으니까, 『조선신보』를
안 주고 자기가 하고 싶어서 독립해 나가서 만들어 놓은 신문이에
요. 거기 논설위원으로 갔습니다. 1973년부터 거기에 가서 제가
1981년도에 그만 두고 은퇴했습니다. 그 당시까진 오래 했습니다.

Q : 『동화신문』은 한글로 나왔는지요.
A : 아닙니다. 『동화신문』은 처음부터 일본어로 나왔습니다. 이제 우
리나라 말로 나오는 신문이 없습니다. 조총련이 발행하는 신문을
빼고는요.

Q : 언론 쪽에서는 산증인이시네요?
A : 일본에서 저보다 빠른 기자는 없었고, 저 밖에 오래한 사람도 없
었죠. 여기에 현재 몇 개의 신문이 있습니다만 영업 광고를 한다
거나 한 경우는 있지만 순 기자생활을 한 사람은 없었습니다.

Q : 『동화신보』는 발행횟수가 얼마 정도 되었어요?
A : 한 2만부 정도 되었습니다. 우리 교포 상대니까. 그 정도밖에 안
나갔어요.

Q : 『조선신보』 같은 경우는?
A : 맨 처음에도 약 3만 5, 6천 부 그 정도밖에 못했어요. 교포 세대가
얼마 없으니까. 우리나라로 보면 뭐 그렇게 적은 부수냐 하지만
일본으로 본다면 대부수입니다. 지금까지는 신문과 관련해서 말
을 했는데 뭐 사회문제나 다른 것은 없어요?

Q : 도쿄에서 민단 활동하시면서 있었던 얘기라던가, 아니면 박열, 원

심창 등 인물과 관련해서 말씀해주시죠.

A : 처음에 민단 결성 당시 이름을 가지고 논란이 많았습니다. 옛날 단장 박열(朴烈)[7] 씨가 무정부주의자였었거든요. 또 해방 후에 일본의 조련(朝聯), 즉 재일조선인연맹(在日朝鮮人聯盟)이라는 것이 1945년 12월경에 결성되었거든요. 민단은 그 다음해에 늦은 가을에 결성되었지 싶은데. 그다지 그게 해방 전에 무정부주의운동을 하던 분들, 옛날에는 사회주의운동자라 그랬죠. 공산주의나 사회주의나 일본의 고등계 형사들이 잡아다가 고문하고 옥사하는 분들도 많이 나왔지만, 그분들이 해방 후에 결성한 조련, 그곳에는 공산주의자들이 주도권을 가졌어요. 거기에 무정부주의자들이 흡수되었지요. 거기에 들어가서 있다가 해방 후 그 다음해에 민단, 초대 단장이 박열이라고 그 유명한 분, 옥살이를 28년이나 하셨죠. 흑도회 등 무정부주의자였지요. 그분이 단장 좀 하고. 조련 공산주의 못 따라가서 민단에 있었던 분도 있었고. 민족주의자들, 무정부주의자들이 민족주의 색채가 농후했어요. 박열 씨가 단장이 되고나서 조련에 있던 무정부주의자들이 우리 민단에 많이 왔어요.

Q : 이강훈[8] 씨도 그때 같이 오시지 않으셨어요?

A : 이강훈 씨 아세요? 그분도 처음에 조련에 있다가 민단으로 오셨지

[7] 1902~1974. 경북 문경 출신. 최초의 무정부주의 단체인 '흑도회'(黑濤會)를 조직했으며, 1923년 일본 왕자 히로히토(裕仁)를 암살하려 한 이른바 '대역사건'(大逆事件)으로 검거되어 해방 때까지 징역을 살았다. 해방 후에는 일본으로 재일조선인거류민단을 만들고 단장을 역임하면서 남한단독정부수립 노선을 지지했다.

[8] 1903~2003. 강원도 김화 출신. 3·1운동 이후 중국으로 망명 독립운동에 투신하였다. 특히 1933년 3월 중국을 방문한 일본사절 등을 폭살(爆殺)하려던 '육삼정의거(六三亭義擧)'에 앞장섰다가 체포되어 일본으로 압송되어 옥고를 치르다가 8·15해방 후 출옥했다. 일본에서 재일본대한민국거류민단 간부로 활동하였다.

요. 그분은 공산주의자도 아니고 민족주의자죠. 만주에 있다가 일
본으로 건너온 분, 구주(九州)에서 옥살이하다가 해방을 맞았습니
다. 그분도 민단에 있었습니다. 나중에 우리나라로 돌아가서 광복
회도 관계하시고 박정희 대통령 시대에 국사편찬위원으로 들어갔
습니다. 잘 압니다. 친하게 지낸 일이 있어요. 제가 모시고 심부름
도 한 일이 있습니다. 그리고 해방 전에 일본에서 국회의원을 한
박춘금(朴春琴)9)이란 사람, 그분도 민단에 일을 많이 했습니다.

Q : 혹시 원심창10) 씨라고 아시는지요.
A : 그분은 조련에 있다가 끝까지 민단에는 안 들어왔어요.

Q : 아 그래요. 혹시 건동(建同)11)에 있다가.
A : 건동에 있다가 민단에 참여를 못했지요.

---

9) 1891~1973. 경남 밀양 출신. 학교를 다니지 못했으나 한말에 일본으로 건너가 점
원·갱부·노무자 등 하층생활을 하다가 폭력배가 되었다. 1920년 일제협력 단체
상애회(相愛會)를 조직하고 회장이 되어 민족운동단체를 탄압했다. 1924년 상애
회 지부격인 노동상애회를 서울에 조직하고, 친일단체인 각파유지연맹(各派有志
聯盟)에 참여하였고, 1932년 도쿄(東京) 제4구에서 중의원(衆議員)으로 당선된 뒤
여러 차례 재선되었다. 8·15해방 이후에는 일본에 거주하면서 민단 조직에 관여
하기도 하였다.

10) 1906~1973. 경기도 평택 출신. 3·1운동 이후 일본으로 망명하여 무정부주의운
동에 참여하였으며, 1930년 중국으로 건너가 남화한인청년연맹(南華韓人靑年聯
盟)에 가입하여 활동하였다. 1933년 이강훈(李康勳)·백정기(白貞基) 등과 같이
아리요시(有吉明) 주중일본공사를 폭살시킬 목적으로 중국 상해공동조계 무창
로(武昌路)에 있는 육삼정(六三亭) 부근의 중국요리점 '송강춘(松江春)'에서 통
과를 기다리던 중 일본첩자의 밀고로 잡혀 무기징역 선고받고 일본에서 복역
중 해방을 맞았다. 해방 후에는 건동을 결성하고 훗날 민단 단장을 역임하였다.

11) 신조선건설동맹(新朝鮮建設同盟) : 박열, 원심창, 이강훈 등 일본지역에서 활동
하던 아나키스트들이 1946년 1월에 결성한 단체. 조선건국촉진청년동맹(朝鮮建
國促進靑年同盟)과 합동하여 현재의 재일본대한민국민단이 되었다.

민단과 조련에 관여하지 않아

Q : 나중에 민단 단장을 하신 것으로 아는데요.

A : 민단 단장을 못하셨어요. 민단 단장을 하셨어요? 그럼 몰라요. 중
앙이 아니라 지방 단장을 하였을지는 몰라도 중앙본부 단장은 안
했습니다. 단장이라는 명칭은 민단에 많아요. 중앙총본부 단장도
단장이고, 지방본부 단장도 단장이고, 지부의 단장도 단장이고.
원심창씨가 단장을 했다면 무슨 단장을 했는지 모르지요. 지부 단
장을 했는지, 지방본부 단장을 했는지. 중앙본부 단장은 못했어
요. 조련에서 우리 민단에 초청해서 강연회까지 한 적이 있어요.
원심창 씨를. 그 사람은 공산주의자가 아니라 민족주의자로 알고
있어요.

Q : 예. 공산주의 활동은 안했던 걸로 기억합니다.

A : 그거는 제가 알고 있어요. 저하고는 친하게 지내본 적이 없어서.

Q : 민단에 계실 때 조련하고 관계한 일은 없나요.

A : 그 전에 조련하고 민단하고 혈투를 한 적이 있었지요. 다 지나간
일이고. 그 당시는 서로 안정되어 있었지요. 서로 밤사이 민단의
간판을 떼어간다든가 조련의 간판을 떼어가서, 또 간판을 떼어 가
면 복수를 하고, 서로 치고 받고 그런 시절은 벌써 지나갔습니
다. 제가 민단에 있을 때에는 그저 평온했습니다.

Q : 민단이 창립될 때 관여를 했는지요.

A : 난 직접 관여를 하지는 않았습니다. 유수현 씨라고 우리 신문 사
주가 민단 결성에 많은 노력을 한 분입니다. 오사카의 지방본부를
결성하는데 재정적으로 많은 도움을 준 그런 분입니다.

Q : 선생님은 직접적으로 민단 활동을 하지는 않으셨네요.

A : 예. 그렇지요. 신문사에서 기자들에게 우리말 가르치기가 바빠서. 민단에 직접 제가 참여에 하지는 못했어도 여러분이 식사를 하면서 모임을 갖고 하는 것은 목격했지요.

Q : 취재하면서 기억나는 것은 없는지요.

A : 중앙에서 박열 씨가 내려와서 오사카에서 현판식 하는 것은 보았지요. 오사카 이쿠노구(生野区)라는 데서 간판을 올렸어요.

Q : 처음에 간판을 달았던 위치를 정확하게 기억하시나요.

A : 그 건물이 옛날에 유치원을 했던 건물인데, 그 당시는 이쿠노구 이마사토(今里)라고 하는데, 나카가와쵸(中川町)라고 되어있지요. 여기에서 유치원 건물, 헌 유치원 건물. 폐원되어 있는 유치원 건물을 사서 거기에 민단 오사카본부를 세웠지요. 그건 제가 알고 있어요.

Q : 또 다른 기억은 없는지요.

A : 아, 황승필(黃勝弼) 씨라고 고무공장은 경영했습니다. 이 사람을 초대 단장으로. 나는 바빠서 못하겠다고 했는데 그 당시 고무업자들이 많아서 우리가 잘 봐줄 테니까 단장해라 해라 그래서. 매일 출근하는 것도 아니고, 한 주간 며칠만 출근하면 되니까 단장을 맡아달라고 해서 고무공장을 하던 사람들이 추대했어요. 고무회사 이름이 히야마(槐山)고무공장주식회사, 그곳의 사장이었습니다.

Q : 그러면 공장을 했던 조선인들이 많았던 모양이네요.

A : 예. 많았어요. 해방 후에 이쿠노구 지역에 고무공장 업자들이 수

없이 많았습니다.

Q : 특별히 고무공장을 하게 된 이유가 있었나요.

A : 그것은 우리 생활에서 그만큼 고무를 많이 사용했기 때문입니다. 지금의 플라스틱처럼 생활의 필수품이었으니까. 섬유 다음에 고무를 많이 썼습니다.

Q : 다른 이유가 있었을 텐데, 이윤이 많이 남았다던가.

A : 고무공장에 우리 교포들이 많았으니까요. 그리고 기술을 가지고 있었기 때문에 고무공장이 많았습니다. 해방되고 이분들이 완전히 좌절하기도 했습니다. 그래서 여기저기 종업원이 2, 3명부터 수백 명까지 있는 고무공장이 많이 있습니다. 해방 후 일본에는 고무, 피혁, 간장 심지어 된장까지 통제했습니다. 몰래 통제 원료인 고무를 사서 만드는데 한 일주일만 공장을 돌리면서 그것을 야미시장[12])에다 내다 팔곤 했습니다. 섬유공장도 그랬습니다.

서윤복 퍼레이드 기억 남아

Q : 그때부터 하신 분 중에 지금 성공하신 분들이 있나요.

A : 그 섬유 중에 유명한 것이 사카모토방직(阪本紡織)입니다. 중앙 민단이 있는 그 큰 토지를 사서 기증한 서갑호[13]) 씨가 있습니다. 그분이 섬유로 돈을 많이 벌었습니다. 우리나라 서울의 방림방직(芳

---

12) 암시장(暗市場).

13) 1915~1976. 경남 울산 출신. 언양공립보통학교를 졸업하고 일본에 건너갔으며, 노력 끝에 사카모토방직(阪本紡織)을 설립하여 일본 내에서 널리 알려지게 되었다. 사카모토방직을 비롯하여 무역·관광회사를 경영하였으며, 1963년 1월 국내에 진출한 후 회사명을 방림방적(邦林紡績)으로 바꾸었다. 해외교포로서 한국 방직업 발달에 공헌하였다.

林紡織)과 구미의 은성방직(殷盛紡織)도 그 사람이 만든 것입니
다.

Q : 또 다른 분은 없습니까?
A : 도쿄에서 제과업을 하고 있는 롯데의 신격호[14]가 있습니다.

Q : 기자생활을 그만두고 특별히 하신 일은 없었나요.
A : 특별히 없습니다. 알고 지냈던 사람들의 회고록을 만들어주기도
했습니다. 별도로 보관하고 있는 것은 없습니다만.

Q : 혹시 선생님은 회고록을 만들 생각은 없으신지요.
A : 없습니다.

Q : 기자생활 하시면서 에피소드라던가 이런 것들 혹시 뭐 기자생활
하시면서 사진이라던가 보관하시고 계시는 거 없나요?
A : 내가 중간에 이사를 다니고 보관을 잘못해서 남아있는 것이 없습
니다.

Q : 끝으로 기자로 활동하면서 가장 기억에 남는 것이 있는지요.
A : 예. 미국 보스턴 마라톤대회에서 우승한 서윤복[15]이 귀국할 때 오
사카(大阪)에 들렸습니다. 당시 오사카에서 환영회를 했는데 카퍼
레이드를 했습니다. 그때 대대적으로 환영회를 했는데, 고등학생

---

14) 1922~. 경남 울산 출신. 일본으로 유학, 와세다대학을 졸업하였다. 1949년 현재
   의 롯데그룹을 창립하였다.
15) 1923~. 1947년 4월 19일 제51회 보스턴 마라톤대회에 출전해 2시간 25분 39초로
   세계 신기록을 세우며 우승했다. 동양인으로서는 대회 사상 첫 우승이었다. 이
   듬해인 1948년 런던 올림픽에 참가하였고, 1949년에 현역에서 은퇴했다.

구술하는 김후식 선생

과 대학생들도 참여했습니다. 그리고 한국전쟁 때 일본에서 많은 청년들이 참가를 했지요. 그때 환송식을 했는데 얼마나 감격적인지 아직도 기억에 많이 남습니다. 그때 참전했던 분 중에 다들 돌아가시고 네 분만 돌아오셨습니다.

Q : 혹시 아쉬웠던 일은 없었는지요.

A : 민족학교 투쟁이 있었습니다. 공식적으로 학력이 인정되지 않았는데도 많은 조선인들이 학교를 다녔습니다. 일본 정부로부터 패쇄를 당하기도 했습니다. 지금은 백두학원과 금강학원이 있는데, 가정방문을 하는데도 지금은 많은 교포들이 외면을 받고 있습니다. 그래서 유지하기도 어렵게 되었습니다. 민족의식이 많이 약해졌다고 봅니다. 이것이 가장 아쉽습니다. 또 하나는 민단에서 우리말을 교육을 나름대로 하고 있지만, 우리말이 잊혀진다는 것입

니다. 기관지도 일본어로 나오고 있습니다.

Q : 민족교육은 한국정부에서 좀 더 적극적으로 지원했어야 하지 않
    았을까요.
A : 예. 맞습니다. 한국정부에서 지금이라도 교사를 파견한다든가, 재
    정적 지원이 되었으면 합니다.

Q : 그동안 구술에 감사드립니다.
A : 감사합니다.

나눔을 실천하는 미술품 컬렉터

- 이름 : 하정웅
- 대담일자 : 2013년 5월 12일
- 대담장소 : 여수 히든베이호텔
- 대담시간 : 2시간
- 대담면담자 : 김인덕(인터뷰), 정희선, 동선희
- 촬영 및 녹음 : 성주현

■ 하정웅(河正雄)

1939년 오사카에서 태어나 고향인 전남 영암에서 살았고, 해방 후에는 아키타현에서 생활했다. 어릴 때부터 미술에 재능이 있었으나 어려운 집안 형편 때문에 화가의 꿈을 접고, 공업고등학교 졸업 후 생활전선에 뛰어들었다.

1964년 가와모토전기상사(河本電氣商社)를 설립하여 사업적 성공을 거두고 30대 초반부터 본격적으로 컬렉터의 길에 뛰어들었다. 득히 우리 민족의 정서와 역사를 담은 재일교포 화가들의 작품 수집에 힘을 기울여 어려운 처지의 예술가들을 돕고, 이들 작품의 예술적 가치를 세상에 알리는 역할을 했다.

생애에 걸쳐 수집한 소장 작품 2,000여 점을 한국의 미술관, 박물관에 기증하는 등 '나눔의 정신'을 실천해 오고 있다. 저서로는 『염원의 미술』(한일문화교류센터, 2006), 『심검당(尋劍堂) - 기원의 미술』(한얼사, 2010) 등이 있다.

■ 인터뷰에 관해

이 인터뷰는 하정웅 관장이 순천과 여수를 방문했을 때 여수의 한 호텔에서 이루어졌다. 하정웅 관장의 작품 수집과 기증활동에 대해서는 이미 많이 알려져 있고, 특히 그의 '메세나(Mecenat, 문화에 대한 지원활동, 나눔) 정신'에 대해 관심을 갖고 강연을 부탁하는 일도 잦아서 관장의 한국 체재는 늘 빡빡한 일정으로 차 있음에도 불구하고 기꺼이 인터뷰 시간을 내어 주었다. 시간적 제한 때문에 인터뷰는 관장이 재일 미술가들과 맺은 여러 인연과 관계 등을 중심으로 이루어졌다. 미술품 컬렉터이자 나눔의 실천자로서 갖고 있는 철학에 대해서도 더 하실 말씀이 많으시겠지만 주어진 시간 때문에 그것은 다음 기회로 미루고자 한다.

■ 구술 내용

전화황 작가와 미술품 수집

Q : 아무래도 선생님은 미륵보살 그림에 가장 애정이 많으신 것 같은데요?

A : 그럼요. 그것이 스타트예요. 그것이 미술관에도 있고 내 집에도 있고.

Q : 이 보살은 일본 거지요?

A : 루트(root)로 보면 일본 미륵보살과 한국 미륵보살은 같은 거예요. 일본 미륵보살은 교토의 고류지(廣隆寺)라고 하는 절에 있는 미륵보살상이지요. 일본의 국보 제1호지요. 내가 소학교, 중학교 시절쯤인가에, 어떤 일본 학생이 이 미륵보살이 동양의 비너스 같은 것이라고 너무 예쁘다고 해서 미륵보살을 만지다 다 훼손해버렸어요. 그런 사건이 있었어요. 그런 정도로 미학적이고, 그 청년이 일본 국보 1호를 부숴버릴 정도로 위력이 있는 거예요. 미륵보살이…

또 하나는 미시마 유키오(三島由起夫)[1] 알죠? 미시마 유키오의 긴카쿠지(金閣寺)라고 하는 교토에 있는 국보 건물을 불에 태워버렸잖아요. 너무 미학적으로 해 가지고. 그런 예술에 대한 뭔가 숭고함… 예술이 곧 종교입니다. 그런 세계가 있는 거예요. 예술이라

---

[1] 1925~ 1970. 일본의 소설가이자 극작가, 평론가, 정치 운동가. 미시마 유키오는 필명, 본명은 히라오카 기미타케이다. 태평양전쟁 패전 뒤 일본 문학계를 대표하는 작가 중 한 명. 대표작 『가면의 고백(원제: 仮面の告白)』, 『潮騒』, 『금각사(金閣寺)』, 『가가코의 집(鏡子の家)』, 『우국(憂国)』, 『풍요의 바다(豊饒の海)』 4부작, 『녹호관(鹿鳴館)』, 『근대노가쿠집(近代能樂集)』, 『사드 후작부인(サド侯爵夫人)』 등. 노벨문학상을 수상.

는 건. 그래서 그 긴카쿠지도 불에 태워 버리는 그런 사건들이 있었잖아요.

나는 미륵보살에 대해서는 이거예요. 우리나라에도 미륵보살이 있잖아요? 그래서 그것이 백제시대의 우리 불사(佛師)가, 조각가가 일본에 건너와서 우리나라의 미륵보살을 모방했던 걸 가지고 그때 시기의 사람이, 도래인(渡來人)이 만들었다고 하는 것이 일본에서도 통설이에요. 나도 일본에서 그렇게 배웠어요. 그렇기 때문에 일본의 국보 제1호 미륵보살을 우리나라 사람이, 우리 선조가 만들었다. 그런 것에 대해 내가 자부심을 가지고 있는 거예요. 또 우리 어머니가 아주 불교에 대한 종교심이 큰 사람이었어요. 뭐든지 그런 거를 믿는 사람이었어요. 나는 특별히 신자는 아니었어요.(웃음) 경건하다든가 거기 귀의한다던가 하는 것까지는 나는 없어요. 뭐든지 여러분들이 하는 것은 나도 같이 하겠다 이거예요. 어떤 종교든지 같이 하고요. 이거 하나만을 믿으라 하는 것은 없어요. 뭐든지 기도도 하고 절도 하고 마음에 들면 기부도 하고.

Q : 그러면 지금은 전화황(全和凰)[2) 선생님의 작품을 몇 점이나 가지고 계세요?

A : 그분의 수집 작품은 200점 가까이 있지 않을까 싶은데요. 대다수 작품은 광주미술관에 있고. 전화황 씨 대표작은 대다수 내가 수집을 해가지고 화집(畵集)까지 만들었어요. 그 화집을 1982년도에 내가 발간을 했어요. 그걸 만들기 위해서 7년이 걸렸어요. 재일교포로선 그런 화집이 제가 발간했던 게 처음 발간한 거였어요.

---

2) 1909~1996. 서양화가.

Q : '전화황화집'³)이라는 책이지요?

A : 예. 그래서 그 화집을 출판했던 회사가 규류도(求龍堂)⁴)라고 해
서, 일본에선 제일 역사적으로 퀄리티가 높은 미술서적 전문출판
사에서 냈어요. 규류도에서 책을 낸다고 하는 것은 보통사람들이
아무나 낼 수 있는 게 아니에요. 수준이 있어야 내줘요.

내가 이 책을 만들고 싶다고 갔는데 규류도에서 당장 오케이를 하
였으니 인정받았다고 보아야겠지요. 70년도에 말이죠. 전화황 씨
에 대한 글을 써 줬던 분들이 누구냐 하면, 교토국립근대미술관
관장을 하셨던 가와키타 미치아키(河北倫明)⁵) 선생이에요. 이분
이 그 시기에 일본 미술계를 리드를 했던 평론가예요. 그분이 전
화황 씨에 대한 평론도 쓰셨지요. 그리고 또 하나는 브리지스톤미
술관, 도쿄현대미술관의 관장을 하셨던 분이 전화황 씨에 대한 글
을 썼어요.

그 두 분이 글을 써줬던 수준이기 때문에 출판사가 당장 오케이했
죠. 그런 정도로 전화황 씨가 일본 미술계에서 알아주고 평가를
받았던 거죠, 또 하나 알아야 할 점은 전화황 씨의 선생님이 누군
가 하면 교토에 있었던 스다 구니타로(須田国太郎)⁶)라는 분인데,
그분이 교토 쪽이나 일본 회화계에서는 원로 작가로써 인정받는
선생님이었습니다. 아무나 제자로 받는 분이 아닌데 전화황 씨가
그분의 제자였죠.

Q : 전화황 선생은 스님이었잖아요?

---

³) 全和凰, 『全和凰画集 : その祈りの芸術』, 求龍堂, 1982.
⁴) 미술서와 사진집 등을 주로 간행하는 출판사.
⁵) 1914~1995. 미술평론가.
⁶) 1891~1961. 교토 출신 서양화가.

A : 스님은 안했어요. 불교에 귀의해서 열심히 기도를 했지. 신도로서. 교토에서 살았는데, 교토로 들어온 계기가 그분이 평양에 가까운, 평안남도에서 태어났던 분인데 그때 식민지 시대지요. 그때 교토에 니시다 덴코(西田天香)[7]라고 하는 스님은 사회운동가로서 사회를 정화시키고 이 부정한 사회를 깨끗하게 하는 그런 운동을 했던 분인데요. 그래서 교토에 그분이 잇토엔(一燈園)[8]이라는 그런 거를 만들었지요. 잇토엔은 절이 아니고 봉사사업단체 같은 거지요. 이분이 국회의원도 하시고 귀족의원이고, 일본에서 알아주는, 아름다운 사회를 만들자는 봉사사업을 하는 분이셨는데요. 이분이 구체적으로 어떤 일을 했냐면 사람들이 귀찮아하는 일을 하였죠. 각지의 공중화장실을 회원들과 같이 청소하면서 다녔지요.

이분과 잇토엔 회원들이 평양에 갔을 때, 전화황 씨가 니시다 덴코 씨를 만나가지고, 그때 우리나라가 식민지로 못 먹고 못 살고 있을 때 일본인들이 와서 깨끗하게 청소도 하고 그런 것에 감동을 해서 니시다 덴코 선생에게 배워야겠다고 마음먹고, 니시다 선생이 교토로 돌아갈 때 제자로 받아달라고 해서 같이 교토로 간 거예요. 잇토엔에 들어갔지요. 거기에서 수업을 받았지요.

그 전에 평양에 있을 때는 전람회, 그때 우리나라에 최고로 권위가 있는 것은 센텐(鮮展)[9]이고, 일본은 닛텐(日展)[10]이 권위가 있었지요. 그 센텐에도 그때부터 출품하고 그런 분이예요. 신문에도 동아일보나 이런 데서 그림도 나오고 활동하고 있었는데, 일본에 가서 니시다 씨의 제자로 잇토엔에 들어가 그 자리에서 그림을 또

---

7) 1872~1968, 종교가, 사회사업가, 정치가.
8) 메이지 말기에 설립한 신종교단체.
9) 조선전람회.
10) 일본전람회.

시작한 거예요.

그때 시작할 때 스다 구니타로 선생을 만나서 제자가 되고. 그래서 우리나라에선 처음으로 교텐(京展)[11]에 출품하여 수상하였죠. 교텐은 교토사람들이 하는 거죠. 교텐은 우수한 미술가들이 전부 집결하는 자립니다. 거기서도 또 최고상을 받았어요. 우리의 전화황 선생이. '행동미술전'에서요. 스다 구니타로에게 배워가지고 그의 영향을 받은 그림인데요.

그렇게 교토에서 이름이 나서 일본에서 활동이 계속 잘 되었어요. 그런데 이분이 교토에 살기 때문에 부처님 그림을 많이 그리기 시작한 거예요. 그래서 이 미륵보살도 그리고, 백제관음. 백제관음도 우리나라에서 우리 불사가 만든 거잖아요. 그렇게 나는 배웠어요. 백제관음은 동양의 비너스라고 하잖아요. 그래서 나도 우리나라하고 연계도 있고 재일교포로써 긍지도 있고. 그래서 힘을 얻고요. 그런데 나는 미륵보살 그림을 꼭 사려고 했던 게 아니라 우연히 데파토[12]에서 샀어요.

Q : 죄송한데 얼마 정도에 사셨어요?

A : 30만 엔 정도. 비싸죠. 작가한테 직접 산 게 아니라 백화점에서 샀기 때문에. 지금부터 삼십몇 년 전인데요. 내가 서른 몇 살인가? 서른두 살이었을 때죠.

신문 광고에 나왔는데, 무카이 준키치(向井潤吉)[13]라는 분이 계셔서, 일본의 초가집만 그리는데, 전국을 다니면서 점점 없어지는 초가집 그런 모습하고 일본 풍경하고 전부 느낄 수 있는 그림을

---

[11] 교토전람회.
[12] 백화점.
[13] 1901~1995. 서양화가. 1945년 공무미술단체인 행동미술협회를 창립.

전문적으로 그렸던 분인데요. 그분이 행동미술협회를 창립했지요. 후지산이나 아키타(秋田),[14] 시즈오카(静岡) 같은 지방의 산과 초가지붕을 통해 그 지방을 전부 느낄 수 있는 그림을 전문적으로 그렸어요.

제가 아키타에서 살 때 제 집이 초가집이었어요. 집 안에 우리 아버지가 마부여서 말을 키우고 있었기 때문에, 말하고 같이 살았거든요. 내가 아키타를 떠나 도쿄에 취직을 했지만, 그런 추억이 있기 때문에 무카이 준키치(向井潤吉) 그림을 보면 고향 생각이 나고 그런 추억이 떠올라요. 그림이란 건 그걸 만들어 줘요.

신문에 무카이 준키치가 그 민가(民家) 그림을 팔고 있다고 했기 때문에 내가 아키타에는 못 가지만, 그 그림 보고 '추억을 회상하면서 살고 싶다' 그래서 백화점에 그림을 사러 갔었던 거예요. 그런데 무카이 준키치 그림 바로 옆에 미륵보살이 있는 거예요. 민가는 어디 가 버리고, 그걸 보고 내가 바로 그냥 가버린 거예요. 그런 정도로 미학적인 것이었어요.

Q : 어느 백화점이지요?

A : 이세탄(伊勢丹)백화점. 신주쿠(新宿)에 있는 거예요. 무카이 준키치 그림을 사러갔는데 이 그림을 우연히 만나서. 원래 미륵보살은 국보잖아요. 우리 민족이 했던 것이다, 동양의 비너스 이렇게 내가 미학적으로 보고 있었기 때문에. 또 하나는 우리 어머니가 불자셨고, 당시 그렇게 생각했어요. 지금은 이렇게 혼란스럽고, 고생스럽고, 우리가 못 살고, 압박을 받고, 우리 아버지도 마부가 되고 우리 어머니도 노동자를 하고, 나도 고생하시는 부모 밑에서

---

14) 일본 동북부의 현(縣) 이름.

학교도 떠나고, 언제나 그런 불행한 가정이나 생활과 고통, 고뇌를 구제해 줄 보살이 미륵보살인 것이라고요. 내가 그런 생각이 있기 때문에 이 그림을 사 놓으면 우리 생활도 구제를 해 주고, 우리나라의 역사 안에 식민지다, 조센진(朝鮮人)이다, 그런 것도 전부 극복을 할 수 있게 기원을 해야겠다. 기도를 해야겠다. 그래서 그걸 조건 없이 샀죠.(웃음)

하정웅 관장의 스케치

Q : 그럼 처음 이걸 사시고 그 뒤로도 전화황 선생님 작품을 계속 사신 거네요?

A : 그래서 내가 전화황 선생님을 만나고 싶어서 교토에 갔어요. 내가 찾아 갔어요. 이걸 사놓고. 어떤 선생님일까 어떤 환경일까 알고 싶어서 교토에 갔어요.

교토역에 내렸는데 이상 기상이어서 비가 막 엄청나게 내렸어요. 그래서 몸이 다 흠뻑 젖어가지고 갔어요. 태풍 같은 비였지요. 6월이었는데. 갔더니 선생님 집이 절벽 같은 경사 있는 데 세워져 있었어요. 이분이 자기 아틀리에를 자기 혼자 지었던 거예요. 목수한테 부탁을 안 하고 전화황 선생. 전문가도 아닌데 이렇게 2층, 3층까지 지었어요.

전화황 선생님 집에 들어갔는데 이게 절벽이라서 홍수가 난거예

요, 홍수. 집 안으로 물이 전부 흘러가고 있는 거예요.(웃음) 방 안
도 이런 식으로… 그것도 놀랐는데 제일 놀랐던 게 뭐냐면, 아틀
리에에 그림을 많이 그려 놓으셔서 보관을 하고 계셨어요. 쌓아놓
고 있었는데, 근데 그 작품들이 이 물 때문에 썩어가지고 있는 거
예요.

사실 그 그림 안에 우리 민족의 고통이나 역사적인, 그리고 당시
로서는 아주 민족주의적인 우리나라에 대한 그림이 많이 있었어
요. 그런데 그 그림들이 물이 젖어가지고 곰팡이가 피고 썩어가고
있었어요. 그걸 보고 너무 놀랐어요. 나는 도쿄에서 그의 그림을
사서 너무 감동해가지고 찾아갔는데 그 사태를 보고서요.

이걸 누가 지켜요? 이 대가가 일본 땅에 와서 자기 민족의 혼이나
고통이나 역사를 그림으로 그려놓았는데, 그래서 내가 물었죠.
"선생님, 이걸 어떻게 하면 됩니까?" "할 수 없죠."라고 하시는데,
내가 순간적으로 판단을 했죠. 내가 이 작품을 구제하지 않으면
안 된다고요. 하지만 그 작품들을 전부 수집하고 싶어도 어쩔 수
가 없었어요, 캔버스가 이미 썩어 버려서.

Q : 근데 대부분 이렇게 대작(大作)을 그리셨어요?

A : 소장 작품 중에는 대작도 있고 20호, 30호 정도는 많이 있었어요.
근데 그때 그분이 자기 혼자 만든 집인데다가, 돈이 없고 형편이
어려웠던 분이었어요, 그런 이유로 캔버스도 물감도 아주 싼 걸
쓰고 계셨기 때문에 작품들이 모두 그런 상태였어요. 내가 가서
그런 걸 전부 봤잖아요. 그걸 전부 수집을 해버렸어요, 그때. 팍팍
순간적으로. 어제 말했잖아요. 감각적인 게 있다고, 그거예요. 그
일은 내가 안하면 누가 해 주는 사람이 있겠는가? 미륵보살을 누
가 구제를 할까? 그러니까 내가 구제를 하자. 내가 사명을 가지고

해야겠다. 그때부터 전화황 씨만 한 게 아니고 재일교포 작품들, 전부 수집을 하게 되었어요. 그것이 동기입니다.

그렇기 때문에 처음부터 목적이 있고, 뭔가 작전이 있고, 내가 안하면 안 된다고 해서 간 건 아니에요. 전혀 아니에요. 그냥 만나러 갔고, 그때 그 상황을 보고 결정을 한 거고. 그림을 살 때도 그렇고 뭐든지. 그런데 내 마음 안에는 민족의식이 일어나는 거예요. 미륵보살에 대해서도 역사의식이었잖아요. 우리 백제 사람들이 일본 제일의 국보를 만들어줬고요. 재능이 있고 기술이 있던 분들이.

전화황 씨도 그런 기술이 있어도 자기 힘으로써는 못하잖아요, 환경이 그래서. 그러면 내가 해야 되겠다. 내가 태어나가지고 아키타에서 살 때 진짜 우리 집도 비가 새고, 마찬가지였어요. 그런 데서 공감을 하는 거예요. 아 인간인데, 같은 동포고, 가난하고, 못살고. 나도 그렇게 살았다. 그거죠.

Q : 전 선생님이 돌아가셨는데, 혹시 묘지는 어디에 있는 지 아십니까?

A : 오쓰(大津)[15]요. 오쓰. 내가 절에 갔었는데 교토에 있어요. 교토의 그 절 이름이. 내 책 보면 전부 쓰여 있어요. 그런 것도 내가 전부 기록을 해놨어요. 교토에 절이 있어요. 유골이 있고.

저는 아키타에서 살았는데 결국 살기가 어려워 못살겠다고 생각되자 고등학교를 마치고 전기 점방을 해가지고 돈을 벌었어요. 그림 수집하는 정도 능력이 됐는데, 나는 화가를 하고 싶었지만 그렇지 못하게 되어서 좌절했었잖아요.

---

15) 일본 시가현(滋賀縣)에 있는 도시.

그러면 재일교포 작가들을 도와줘야겠다. 재일교포들이 못 먹고 못 사는 상황을 나도 경험하고 실제로 봤잖아요. 재일교포 중에 화가를 하고 싶어도 못하는 사람들 얘기를 들었잖아요. 그게 70년 대지요. 그런 재일교포 작가들을 도와줘야겠다. 재일교포 작가들을 모집해야겠다. 이런 식으로 스타트가 된 거예요. 재일교포 작가에로 확산된 거예요.

민단에서 운영한 새마을미술회

Q : 민단활동을 하시면서 '새마을미술회'를 만드셨지요?

A : 새마을미술회는 내가 그런 미술품 수집을 하던 과정에서 만들어졌어요. 당시 민단에서 간부를 해 달라고 청해서, 간부를 하되 다음과 같은 조건을 걸었지요.

"일본 사회인들하고 지역 사람들과 교포들이 친하게 지내고 교류를 해야 한다. 건물과 회관을 만들었는데, 회의만 하는 그런 공간은 안 된다. 공민관이나 문화원 같이 여러 사람들이 드나들면서 그 자리에서 교류도 하고 문화 마인드도 배우고 그런 곳으로 해야겠다."

당시 민단에서 그런 아이디어 내는 사람도 없고 하는 사람도 없었어요. 그래서 내가 역원을 맡으면 그림에 대해서 가르쳐주고, 전람회도 하고 교류도 하자고. 이건 민단 역사 안에서도 문화 사업으로서는 1위라고 할 수 있지요.

Q : '새마을미술회'라고 이름을 지었는데 '새마을'이라는 이름은 왜 붙이셨어요?

A : 70년대 당시 박정희 대통령이 새마을사업 운동을 시작했잖아요. 그 새마을운동에 대해서 민단에서도 지원을 많이 했어요. 우리들

이 모금도 하고 돈도 보냈어요. 그래서 우리도 일본 땅에서 우리 지역의 민단을 중심으로 해서 새마을운동을 하자. 우리 교포사회에 새로운 운동을 해야겠다. 그것을 미술회를 통해서 미술을 가르쳐 주면서 인간관계를 맺자. 그런데 그것이 완전히 히트했어요. 전국에서 '새마을미술회'라고 하면 알아주는 것이 됐어요.

새마을이라는 것이 일본 교포 사회에서도 확산됐던 거지요. 본국만 새마을 하는 것은 아니다. 우리 재일교포도 새마을을 해야 한다. 그런 의미에서 제가 미술회 이름을 '새마을미술회'라고 한 거예요.

Q : 새마을운동을 전개할 때 재일교포들이 각 고향이라든지 기업이라든지 많이 지원을 해줬잖아요? 그런 의미의 연장선이라고 할 수 있겠네요?

A : 예. 그때 지원을 많이 했어요. 모금도 하고 돈도 보내고 우리가 민단 간부를 하고 있었기 때문에 잘 알지요. 그러는 과정에 내가 너무 이름이 나오고 전국적으로 되어버렸잖아요. 그래서 이 지역 우리 민단 간부와 선배들이 내게 시기와 질투를 하는 거예요. 그래 가지고 새마을미술회를 없애려 하고. 나를 그냥 시기하면서, 자기만 유명해진다고.

Q : 새마을미술회는 얼마동안이나 활동을 하셨죠?

A : 8년 정도 했지. 회원도 100명이 넘었어요. 백화점에서 전시장을 빌려서 주기적으로 전람회를 했어요. 이세탄에서 했어요.

Q : 교민들은 많았겠지만 일본인은 어느 정도나 되었나요?

A : 대략 반반 정도라 보면 되요. 어린이 교육도 하였고. 교육을 통하

여 우리 민족의 어린이들이 동족의식을 가지잖아요. 그림 그리러 부모들하고 같이 오기 때문에. 아주 좋은 것인데, 하지만 민단의 간부들의 시기가 심하였고 또, 도무지 이해를 안 하는 거예요. 미술회에 나오는 것을 자꾸 막으려고 하는 거야. 나를 견제한다고 봐야지.

그때 이런 사건도 있어요. 아침에 일어나서 내 점방 셔터를 올리는데 점방 앞에 분뇨가 있는 거예요. 누가 그렇게 했는지 쉽게 알 수 있는 사건이죠. 나쁜 놈들이죠. 내가 밉다고 해가지고. 그렇게 해서 그 일을 못하도록 하는 것이죠.

또 저녁에 9시, 10시, 11시, 12시에 1시간마다 계속 술 취한 척 전화를 해가지고 나를 못 자게 하는 거예요. 무서운 거예요, 시기를 받는다는 거. 시기를 한다는 것은 사람을 죽이는 것과 같은 거예요.(웃음)

지금 하는 이야기는 새마을 이야긴데. 내가 너무 그 일을 잘하고 활동도 잘했는데도 평가를 절대 안 해요. 그리고 효과가 좋은 걸 알면서도 계속 사업으로 하지 않아요. 좋은 일을 했지만도 동포사회가 이렇게 되가지고는 발전이 있겠어요? 만약 지금도 계속하고 있으면 진짜 엄청난 사업으로 발전하였을 텐데…

Q : 그게 몇 년도부터 몇 년도까지죠?

A : 아마 지금으로부터 30년 된 이야긴데, 70년대 초반 같은데요? 그렇지, 그림을 사들이고 있었던 시기죠. 컬렉션을 계속하고 있었기 때문에. 스물다섯 때부터 계속 지금까지 50년 가까이 컬렉션을 계속 해 왔으니까요.

Q : 그럼 그때 그 새마을미술회에서 미술지도를 하신 거지요?

하정웅 관장의 저서들

A : 했지. 한 달에 두 번 정도? 아주 그걸 우리 민단 문화사업으로. 아이디어도 내고 새마을운동하고 같이 했지.

새마을미술회 때문에 너무 시기를 받고 그래서 이것을 이렇게 해서는 안 되겠다고 생각했어. 이런 식으로 민단에서 일해도 일본사회에 우리 메시지를 낼 수 없다는 확신이 들었으니까. 그래서 제가 민단의 감찰위원에 출마를 해서 민단의 잘못된 관행인 이것을 고쳐야겠다고 결심했지. 그렇게 감찰위원에 출마를 했었는데 그것을 또 못하게 되었어요.

이유인즉, 선거 당일 날짜가 되어 후보 연설을 하러 민단에 나갔는데, 갑자기 임원들이 와서 밑에 1층으로 내려가라고 하는 거예요. 내가 당선이 되면 안 되니까 자기들끼리 나를 쫓아내는 작업을 한거죠. 너무 어처구니가 없어 그때부터 민단을 그만뒀어요. 뭐 안 간다, 이런 내쳐짐은 민주주의도 아니고. 옛날에 에도(江戶) 시대에서도 이런 건 없었다고 내가 말했어요.

오래된 일이지만 그런 제도가 민단의 제도였습니다. 그때는 정말 그런 수준이었어요. 민단이라고 해서 뭐 그런 민주주의가 있어요? 아니에요. 그런 게 내 마음에 안 들고. 강연이 있어도 강연이 순수하지도 않고, 그런 것에 저는 아주 비판을 가지고 있어요.

작가 송영옥

Q : 선생님은 광주시미술관에 작품을 많이 기증하셨는데, 유명한 분들 한 여섯 분을 중심으로 해서 기증을 하셨잖아요. 예를 들어서 전화황, 송영옥(宋英玉),[16] 이우환(李禹煥),[17] 곽덕준(郭德俊),[18] 곽인식(郭仁植),[19] 문승근(文承根)[20] 같은 분들이죠? 그런데 왜 이분들을 선택했는지 그 이유를 알려주시면 좋을 것 같아요.

A : 전화황 씨는 알았죠? 송영옥 씨도 전화황 씨하고 같은 시기에 일을 했던 분이예요. 그래서 연세도 같아요. 곽인식 씨도 그거예요.

---

[16] 1917~1999. 일제강점기에 일본에서 유학하고 해방 후 인권, 평화를 주제로 일본에서 작품 활동. 오랫동안 한국 입국이 불허.

[17] 1936~. 경남 출생. 서울대 미대를 졸업하고 도일하여 니혼대(日本大) 졸업. 다마(多摩)미술대 교수로 재직하며 작품 활동. 일본 모노파 활동에 사상적 영향을 미침.

[18] 1937~. 교토 출생. 1955 교토시립미술공예학교 일본화과 졸업. 일본에서 활동한 서양화가.

[19] 1919~1988. 대구 출생. 니혼미술학교(日本美術學校)에서 수학하고 일본에서 활약한 서양화가.

[20] 1947~1982. 재일 2세. 전위미술그룹 구타이(具体)에서 활동했고 판화, 수채화 등에서 실험성이 강한 작품 남김.

근데 송영옥 씨의 작품에 대해서는 그분은 민중적인, 우리 민족에
대한 한(恨) 같은 걸 잘 표현해 줘서 일본인들에게도 평가가 높고,
우리 교포사회에서도 아주 평가가 컸어요. 또, 같은 시기에 전화
황 씨랑 같이 행동도 하고 작업도 하시고 그랬기 때문에 이 어르
신 작품을 수집해야겠다고 생각했어요. 공유를 하고 있는 세계관
이 같다고나 할까요.

작가 곽인식

Q : 곽인식 씨도 같은 시기인가요?

A : 곽인식 씨도 초창기에는 같은 그림을 그리고 계셨는데, 그분 자기
집이 화재가 나서 다 타버렸어요. 그때부터 그분이 컨템퍼러리 아
트(Contemporary Art),[21] 현대미술 쪽으로 가셔서 모노파[22] 원류를
만들었던 분이예요. 그렇기 때문에 이우환도 많은 것을 곽인식 씨
한테 배웠던 거예요. 직접 배운 게 아니고 영향을 받았다 그렇게
말하면 좋을 것 같네요.

또 일본 회화계에서도 그 시기에 곽인식 씨 같은 현대미술을 했던
사람이 한 사람도 없다고 말하는 건 아니지만도, 뭐랄까 선진적으
로 혁신적으로 했던 분이 곽인식 씨입니다. 그리고 곽인식 씨 그
림이 또 센스가 있어요. 스마트합니다. 아름답고. 아! 우리나라 사
람이 이렇게 센스가 있는가 하는 정도.(웃음)

그리고 또 하나는 동양적인 수묵(水墨)을 주로 해가지고 그것에
대해 일본화 같이. 일본화는 안료(顔料)라고 해서 물감을 쓰잖아
요. 그런 것을 주로 하잖아요. 서양의 그림 그리는 붓으로 그리지

---

[21] 현대미술을 의미.

[22] 70년 전후 '자연적인 물질//물체를 소재가 아니라 있는 그대로 등장시키며 이를
직접적으로 예술언어로 끌어들이고자 한' 작가들을 가리킴.

않고 동양적인 글씨 쓰는 붓으로 그림을 그리기 시작해서, 자료도 캔버스에 그리지 않고 한지, 와시(和紙)[23]도 쓰고. 그런 걸 스타트했어요.

그래서 이런 걸 곽인식 씨 영향이라고 나는 보고 있어요. 이걸 듣고서 틀리다는 사람은 지금까지 한 사람도 없어요. 그래서 곽인식 씨를 스타트로 해서, 전화황 씨, 송영옥 씨 이렇게 같은 세계관을 가진 세 분이 그림을 그리고 있는데, 그때부터 곽인식 씨는 컨템퍼러리(현대적)한 모노파 영향을 주는 그런 그림을 스타트했죠.

Q : 이분 작품이 일본에 많이 남아 있습니까?

A : 남아 있어요. 또 우리나라에도 수집이 많이 되고 있습니다. 인기가 있고요. 작품비도 비싸서 지금 사려고 하면 절대 못 사요. 작품의 수가 많은 것도 아니고. 그래서 이분 작품 하는 화실에 내가 가서 이거, 이거, 이거, 이거 해가지고 전부 사버렸어요. 한 번에 가서.(웃음) 그 후에도 기회가 있을 때마다 했지만도. 그때 가서 이분을 모셔야 되겠다고 생각했어요.

작가 문승근, 이우환

Q : 문승근 씨도 있지요.

A : 문승근 씨는 어떤가 하면, 이우환이 문승근 씨에 대해서 "이놈은 천재다." 했어요. 이우환 씨가 선배님이지요. 이우환이 말하기를 문승근은 젊은 사람으로, 자기가 재일교포라는 것을 드러낼까 말까 고민을 하면서 작품 활동을 하고 있는데, 한국 사람이라는 것을 괴로워하다가 자기에게 상담을 하러 왔다고요. 미리 편지도 쓰

---

[23] 일본에서 생산된 종이.

고 만나려고 가기도 하고. 그런데 이우환이 안 만나줬다고요. 못
만나겠다고 쫓아냈어요.

하지만 이우환이가 자꾸 문승근이 이야기를 하는 거예요. "근데
그놈은 대단한 천재다." 그러면서 다시 "내 집에 와서 내가 안 만
나고 쫓아냈다"고. 안 만났다고. 그런데 그게 양심에 걸려가지고,
문승근이한테 미안하다고. 그렇게 이우환이 말을 했어요.

한편 곽인식 씨 작품을 제가 수집을 하러 아틀리에에 갔더니, 곽
인식 씨가 문승근이 자기 제자라고, 내가 키우고 있다고 하더라고
요. 그때는 뭐 문승근이 돌아가 버렸어요. 일찍 세상을 떠났죠. 그
런데 곽인식 씨가 문승근이를 아주 많이 기억하고 있었어요. 그래
서 돌아가시고 1년 회고전을 긴자(銀座)에서 하고 있다는 소식을
들어가지고 가서 그이 작품을 전부 사버렸어요.(웃음)

이런 식이에요. 그래서 내가 그렇게 해서 좋은 일이 뭐냐면, 그 시
기에 문승근이가 우리나라에도 이우환, 곽인식와 함께 같은 레벨
로서 인정받기 시작했던 것이 그때였어요. 근데 빨리 가버렸잖아
요. 작품은 많이 없고. 알아주는 사람이었는데 35살에 가버렸잖아
요. 진짜 천재입니다, 이 사람은. 그래서 내가 그의 작품을 보고
전부 구입한 거죠. 물론 그 두 분이 그렇게 말했지만, 나도 감식안
(鑑識眼)이 있기 때문에.

Q : 문승근 씨를 만나시지는 않았네요.

A : 물론이지요. 모르죠. 이우환과 곽인식이 그렇게 말했고, 그리고
회고 1주년 한다고 해서 미술관에 가서 작품을 전부 사버렸어요.
그래가지고 수집을 했었는데.

광주 시립미술관에서 문승근 전람회로 회고전을 했어요. 120점 정
도를 내가 전부 내서 그것으로 비엔날레 기념으로 1998년인가 2000

년인가 회고전을 했어요. 그 비엔날레를 보러왔던 일본 손님들이 나한테 전화를 많이 했어요. '이야! 훌륭하고 대단한 작품을 광주에서 봤다'고. 일본에 이런 존재가 있었구나, 자기들도 몰랐다고 진술하였습니다.

그러자 교토국립근대미술관의 고모토 신지(河本信二)라고 하는 주임학예사가 문승근 회고전의 소개를 하고 싶다고 했어요. 그런 정도로 인정을 받았어요. 화집도 있어요. 지금 교토에서 나왔는데 내가 가지고 있어요. 지금 일본에 가면 몇 권 있기 때문에. 내가 그런 일들도 했어요. 인정시키는 일들도 하고. 우리나라에도 문승근이라 하면 알아줘요.

작가 곽덕준

Q : 곽덕준 선생님은 어떠신가요?

A : 곽덕준이는 나보다 세 살 위인데 나하고는 친구처럼 지내요. 같은 시대에 태어났고, 아주 활동적이고요. 우리나라 민족에 대한 문제나 재일교포로서 못 살고 했던 생활고를 다시 말하자면 아주 고통스러운 이야기를 내게 하고 풀기도 하고.

그분도 성공해 가지고 국립현대미술관에서 원맨쇼도 하는 그런 정도예요. 그래서 서양에서도 전시회도 하고, 미국에서도 하고요. 그런 식으로 올라갔어요.

지금 내가 만났던 작품들은 여섯 명 이야긴데, 여섯 명만 했던 것은 아니에요. 대표적으로 그 사람들이라는 것이지.

어린 시절의 기억과 이우환의 작품

Q : 그러니까 그분들을 처음으로 우리나라에 소개하신 셈이지요?

A : 우리 재일교포 작가들을 우리나라 사람들이, 일본사람들도 그래

요. 우리 재일교포 사람들의 작품을 인정 안하고 '쓰레기'라고 하고 있잖아요. 그렇게 하고 있어요. 그래서 그런 걸 내가 수집을 하면 이런 미친놈, 이게 돈이 돼 밥이 돼 하고 나를 비판하잖아요. 나를 미친놈이라고 해요. 나는 오히려 그 사람들을 '미친놈'이라고 하고 있고. 서로가…(웃음)

그런 말을 하든 말든 어쨌든 그런 식으로서 작품 수집을 했죠. 내가 전화황 댁에 가서 비가 새는 그 자리에서 이런 일을 내가 해야 한다고 결심하고 스타트한 게 이런 점 때문이에요. 재일교포 작가들의 작품을 조건 없이 수집하는 것이 같은 동족으로서 내가 해야 하는 일이라는 것이죠. 그런 사람들을 키우고 마무리를 하고 수집도 하고. 근데 작품을 수집해놓고 보니 이번엔 나 혼자만 소장하는 거 안 되잖아요. 그래서 작품들을 이렇게 보이기 시작했어요.

Q : 선생님의 삶과 연관을 시키시는 거지요?

A : 내가 아키타에서 살았잖아요? 다자와호(田澤湖)[24] 근처에 있는 수력발전소를 만들기 위해서 일제식민지 시대에 우리나라 사람들을 징용으로 끌고 와서 일을 시켰잖아요. 그런 현장에서 우리 아버지 어머니도 일을 하였고, 나도 그런 현장에 몇 번 갔어요. 그 현장 위치도 알고 있어요. 그리고 징용 와서 사는 사람들의 모습들도 생생히 기억이 나요. 어릴 때부터 그런 모습을 보고 자랐기 때문에 그런 걸 전부 기억하죠. 집에서도 아버지 어머니가 하시는 얘기를 많이 들었고.

하는 일은 같지만 우리 아버지는 자유노동자였기 때문에 그런 징용와 생활하는 분들하고는 같이 생활도 안 하셨어요. 내가 소학교

---

[24] 아키타현 센보쿠시에 있는 호수이다. 일본에서 가장 깊은 호수이며 현립 자연공원으로 지정.

다닐 때 우리 집이 못 먹고 못 살았지만 명절 때에는 떡이나 음식을 만들잖아요. 예를 들면 생일날이나 추석 같은 명절이 있잖아요. 못 먹고 못 살아도 명절 때는 그런 걸 차리잖아요.

내 집 뒤 산에는 산소가 많이 있었어요. 그런 위치에서 살았어요, 말(馬)하고 같이. 그때 우리 아버지 어머니가 그런 음식을 가지고 가서 산소에 참배하고 오라고 한 거예요. 어머니는 절대로 안가요. 무섭다고.(웃음) 대신 나한테 시키는 거예요. 니는 무서운 걸 어릴 때부터 잘 몰랐어요.

그래서 아무 것도 모르고 참배를 하였지요. 그 산소가 어떻게 되어 있냐 하면은 작은 돌, 돌이 이렇게 하나 있는데 이름도 없고 아무것도 없고 그 위에 다시 돌 하나, 이렇게 되어가지고 있는 산소였죠. 근데 이것이 일본에서 징용을 살다 희생된 무연고자의 산소인 거예요. 이름도 없이, 누군지 모르는 거요. 그렇게 산속에 묻혀가지고 있는 거예요. 그 위에 둥그런 돌이 하나 이렇게. 나는 이 작은 산소에 몇 번씩이나 갔기 때문에 그 자리도 잘 알고.

그런데 이우환이 작품을 볼 때면 그곳의 분위기가 나오는 거예요. 조그만 할 때부터 음식을 놓고 돌아온 곳의 바로 그 분위기죠. 이우환이가 80년도에 미즈에(みずゑ)25)라는 책에 그 작품을 발표했어요. 20페이지인가 30페이지가량 되는 특집인데, 그걸 서점에서 내가 보고 '야 이거다!' 한 거지. 이우환이가 어떤 작가다 하는 것에 대하여 아무 것도 모를 때였어요. 책으로 이 작품을 처음 봤는데, 그런데 작품 안에 이 그림이 눈에 띄자 첫 눈에 이건 무연고 사람을 모시는 위령비나 같다. 이렇게 나는 생각을 했지.

그렇게 해서 그 책 속의 이우환을 보았는데, 사실 그때까지 이 사

---

25) 1905년에 창간된 미술잡지.

람은 무명에 가까웠어요. 그런데 미즈에서 작품을 발표하면서 불이 붙었던 거예요. 일본사회 미술계에서 인정받게 되었으니 데뷔라 할 수 있지, 미술계에 재일교포로서 크게 알려진 게. 그래서 나도 이걸 보고 우리 교포가, 다시 말하면 한국에서 오신 분이 미즈에 이름이 나고, 자랑스러웠지. 그때 전화황 씨도 이름이 알려지던 시기였어요. 그런 책에 소개되었던 것이지요. 먼저 이름이 알려진 곽인식이 다음이니까 이우환이가 그 뒤지.

80년대에 그 책을 서점에서 보고 그 자리에서 출판사에 전화를 해서, "지금 책이 얼마 남아있습니까?" 하니까 500부 정도 남아있다고 했어요. 그래서 남은 부수를 전부 내가 사버렸어요. 그리고 당시 내가 새마을미술회에서 가르치고 있었잖아요. 구입한 책 전부를 새마을미술회 사람들에게 한 권씩 주고 이런 작가가 있다고 알려주었어요. 마침 그때 내가 컬렉션을 하고 있었잖아요. 그래서 우리 교포사회 화가들도 그렇고 미술인, 일본 사람들 등 여러 사람들이 새마을운동을 하고 있었기 때문에 작품을 출품 받아 전람회를 하였어요.

미술평론가도 있었고 미술 관계자들도 많이 보러 왔어요. 내가 전람회 추진을 하게 되면. 내가 컬렉션을 하기 위해서 백화점 등을 이리저리 왔다 갔다 하잖아요. 수집하기 위해서. 내가 미술관도 어디 있는가도 잘 알기 때문에 각 미술관 학예사들한테 그 책을 한 권씩 보내면서 '이런 작가를 소개합니다.' 하고 보냈어요.

그런데 2년쯤 후에 처음으로 이우환이한테 전화가 왔어요. 나는 그 전까진 이우환이랑 아무 연관이 없었고 오로지 수집만 하고 있었어요. 시실 자존심 때문에 연락을 안 했던 거예요. 아무 인간관계도 없었지만 그래도 이런 우리 교포가, 우리 민족이 이렇게 홀륭한 작가가 있다는 것을 알리는 것은, 이렇게 하는 것이 내 자존심을 세우는 역할을 하는 거라 생각한 거예요. 그것은 내가 기뻐서 했던 일이지요. 내가 무엇을 보상받고 싶어서 한 게 아니라. 근데 이우환의 전화가 갑자기 와서는 "하정웅 씨! 내가 내 책이 필요해서 출판사에 전화를 했는데 책이 한 권도 없다는 거예요. 자초지종을 물어보니 몇 년 전에 당신이 전부 사 가버렸다고 답하는 것이에요."라고 이야기하면서 자기도 책이 몇 권 좀 필요하니까 10권만 있으면 보내 달라고 졸랐어요. 그래서 "여기 있습니다." 하고 20권을 보내줬어요.

그 후에 내가 만난 적도 수집하는 것도 일체 없었어요. 그리고 나서 한 2년쯤 됐어요. 그런데 2년 후에 파리, 뉴욕 등 외국에서 활동하시는 우리나라를 대표하는 작가들인 이선자(李宣子)[26]나 김창렬(金昌烈)[27] 등의 작가들의 작품이 도쿄에서 개최된 '세계의 예술인 대회'에 참가하게 됐어요. 세계에서 활동하는 작가들, 한국에서 활동하는 작가들, 일본에서 활동하는 작가들, 재일교포 작가들이 그 자리에서 만나게 된 거예요. 그 자리에서 제일 먼저 스타트 한 것은 이우환이예요. 그 자리에 이우환이 와서 회의를 마치고나면 나와 만나 대화를 하고 싶다고 했어요.

그때 커피숍에 가서 이야기를 하자고 그래서 내가 갔어요. 그 자리에서 이우환이가 처음에 내게 얘기한 말은 당신이 그때 그렇게 해준 것에 너무 감사하다. 그때부터 자기가 오늘까지 이렇게 알려지게 된 것을 늘 고맙게 생각하고 있다고 하였죠.

그런 말도 하고 그 다음에 했던 말이 자기가 세계에 진출하게 싶다. 프랑스하고 오스트리아하고 독일에 가서 유럽순회전을 할 계획은 있는데 돈이 없어서 못 가고 있다고 말했어요. 그래서 나는

---

26) 재미 서양화가, 조각가.
27) '물방울작가'로 알려진 재불 화가.

그 자리에서 "알았다. 얼마나 돈이 필요하냐?" 그러니까 500만 엔 정도 있었으면 좋겠다고 하였죠. 그래서 "알았습니다." 그랬지요. 그리고 "처음에 가면 전시하는 건 500만 엔 정도 필요하겠지만, 3 개월 동안 세 군데에서 순회 전시를 하면, 비행기 값이나 재료값이나 호텔 값도 필요하고, 교제비도 필요할 것이다. 그럼 그건 어떻게 할 예정이냐?"고 다시 물었어요. 그러니까 그 문제는 지금 고민하고 있다고 그래요.(웃음) 200만 엔 정도의 경비가 더 필요하다고 그래서 700만 엔을 줬어요.

그래서 700만 엔 주고, "선생님의 작품을 주십시오."라고 말하였죠. 어떤 작품을 주라는 그런 조건을 안 하고 이 얘기만 했어요. 나는 재일교포 작품들을 이렇게 수집하고 있었던 것이죠. 선생님 작품도 그런 식으로 수집을 해가지고 모아놨던 작품들을 무연고 묘지를 위해. 사실 아키타 지역에 몇 군데 무연고 묘지를 모시고 있어요. 아까 얘기한 이것만이 아니고 다른 곳에도 무연고 묘가 있었어요. 그래서 식민지시대에 이름도 없이 자기 고향도 못가고 이름도 없이 모셔져 있는 이런 무연고에 대해서 내가 모셔서 위령을 위로해 줘야 되겠다. 그래서 미술관 계획이 나온 거예요. 이러한 이유로 그 미술관 이름은 '기도의 미술관'이 되었죠, 식민지 시대에 징용 살았던 분들, 태평양전쟁 때문에 돌아가신 분들, 관동대지진

구술을 한 하정웅 관장

으로 돌아갔던 희생자들, 이유도 없이 수난을 받았던 우리 민족에 대한 위혼을 하는 미술관을 만들기로 한 것이에요. 그 다자와 호수 주변에 기도의 미술관을 창립하려고 해서 작품을 모으기로 했기 때문에, 그런 것에 맞춰서 작품을 모았어요.

또 하나는 이우환이 내게 책을 받았잖아요. 20권. 그거 받고 고맙다고 전화 한 통, 편지 한 통 없던 분이에요. 나는 그런 거 관계없이 주라고 하면 해주고 그랬지. 그런데 그분이 작품 여섯 점에 플러스 한 점을 해서 총 7점을 보내왔어요. 고맙고 감사하다고.

Q : 지금도 만나고 계신가요?

A : 친해요. 지금도. 그 사람이 다른 사람 말은 안 들어도 내 말은 들어요.(웃음) 진짜예요.

Q : 이우환 선생님은 철학을 하셨지요?

A : 철학가예요. 그래요.

Q : 그리고 해방 이후에 일본에 가셨지요?

A : 그래서 저는 그런 상황이나 에피소드에 대해 일체 얘기를 안 했어요. 진짜 안 했어요. 그런데 최근에 작년인가 재작년인가, 베니스 비엔날레에서 강운태 광주 시장(市長)하고 황영성 광주미술관 관장이 베니스에서 우연히 이우환이하고 만났대요. 내가 광주에 이우환의 작품을 기증했잖아요. 그래서 광주 시장님도 관심이 있고 알고 계세요.

그래서 그분들이 하정웅 씨가 기증해 줘서 그림을 보관하고 있다고 자랑스럽게 이우환이한테 얘기를 한 거예요. 이우환의 그림 전부 100%를 내가 기증해 줬다고 알려준 것이지요. 그래서 그분이 알고 있는 거예요. 그 자리에서 이우환이 시장에게 "그분이 있기 때문에 오늘의 내가 있다고 있게 되었으므로, 그분은 내게 은인이다. 유럽에 진출하게 된 것, 자기가 여기까지 오기까지 많은 사람 덕을 본 건 사실인데, 그런 출발점에서 지원을 하고 나를 보내주고 했던 분은 하정웅이다. 정말 내게는 은인이고 고마운 분이다." 라고 말하면서 두 사람간의 에피소드를 들려주었다고 하네요. 그런 이우환의 회고를 듣고 황영성이가 베니스에서 나에게 전화를 한 거예요. "아, 그런 일이 있었습니까?" 하면서(웃음) 그동안 내가 전혀 얘기를 한 적이 없었기 때문에 그들은 처음으로 알았던 사실인거죠.

Q : 그러니까 선생님이 모노파(もの派) 뒤에 계셨군요.

A : 내가 그 뒤에 있다고는 말을 못해요. 나는 모노파를 지원했던 건 아니고 나는 그런 상황, 외국으로 나갈 기회도 있는데도 재일교포들의 상황이 못 가고 있었잖아요. 그런 것을 내가 팍 똑바로 해서 우리 재일교포들이 잘 가도록 해야 한다. 이게 내가 생각하는 하나의 사명이지요.

전화황 씨 집에 비가 새고 하는 것을 보고 내가 전부 마무리해야 되겠다고 생각한 것. 그런 게 있잖아요. 그런 순간적인 판단과 감각으로 내가 도와줄 수 있게 된 것이죠. 뭐든지 그렇게 했기 때문에 좋은 결과로 나타난 거예요. 그거 없인 오늘이 없었을 것이에요. 하정웅도 없고 재일교포 작품도 없고, 미안하지만 이우환도 지금 이렇게 되었을까 잘 모르겠어.(웃음) 그런 운명의 기로가 있단 말이에요. 이쪽으로 가야하는 지 저쪽으로 갈지. 이럴 때 순간적인 무엇이 있는 거예요.

영암에 설립한 하정웅미술관 모습

컬렉터로서의 철학

Q : 광주와 영암에 선생님 이름의 도로[28]가 있지요?

A : 예. 그 전화[29]를 받고나서부터 이제 나는 그 얘기를 공개적으로
하게 됐어요. 공개가 됐기 때문에. 내가 무슨 좋은 일을 했던 건
지. 우리나라 사람들은 하도 오해를 하고 시기질투를 하고 거짓말
을 하는 것 같이 의심을 하고 그런 게 있어요. 그래서 내가 절대
로 안했어요. 자기가 자랑스러운 것은 알아도.

내가 또 하나 철학이 있어요. 그런 말은 내가 안 해도, 언젠가는
그 알 날이 온다. 언젠가 그 기로가 있다. 순간이 있다. 그러는 가
운데 말하는 이유가 나오는 거예요. 서울에 있는 강용규라는,
5·18 광주민주화운동 그림을 많이 그렸던 그분 작품을 수집했던
것도 전부 내가 일체 안 했어요. 강용규를 도와주고 그랬던 거, 그

---

28) 하정웅의 고향인 영암에 '하정웅로(河正雄路)', 광주광역시 중외공원 내에 '하정
웅 명예도로'가 있음.
29) 광주시립미술관 관장의 전화를 말함.

때 그림을 그리고 내가 그 그림을 모은 것을. 그 시기에 발표도 안하고 공개도 안하고 일체 비밀에 붙였어요.

최근에 와가지고 내 이름을 딴 명예도로(名譽道路)를 광주시에서 만들어줬잖아요. 그 자리에서 광주 시장님이 강용규랑 나랑 인연이 깊은 걸 알고 그를 불러서 그 연회장에서 인사를 시켜줬어요. 그런데 그때 강용규가 처음으로, "하 선생이 도와줬던 이야기는 절대 하지 말라고 해서 오늘까지 안했습니다. 그런데 오늘 이 자리에서는 해야겠습니다." 그렇게 말했어요.(웃음)

그분이 5 · 18 문제 있을 때마다 어디로 도망치기 위하여 이리 저리 지방에 다녔어요. 그런 와중에 작품 제작을 하고 계셨어요. 그런 그의 5 · 18 작품을 나는 사람들 모르게 수집을 했어요, 그렇게.

Q : 수집을 한 게 아니라 생활비를 도와주신 거죠?

A : 아 그래요. 도와주는 거예요. 그래서 그 사람이 언젠가 어느 지방에 민가(民家)가 하나 나왔다고 했어요. 400년인가 500년 전의 집이 하나 나왔는데, 그것을 사고 싶은데 자기는 400만 원밖에 없지만 집 가격은 1,600만 원이라고요. 그럼 1,200만 원이 모자라잖아요. 알았다 내가 줄게, 사버려라. 대신에 작품을 달라고 그래서 수집을 스타트 해줬어요.

5 · 18 작품을 보고, 그때 시기에 정말 내가 놀랐어요. 정말 대단했어요. 그것을 대표하는 강용규 작품을 수집을 해가지고 광주시립미술관에 전부. 대표적인 것은…

그렇다고 해서 내가 광주사람을 나쁘게 말하고 싶은 건 아니고 예술인이다, 예술도시다, 예향도시다 해가지고 미술이라고 하는 건 하나의 레벨이 있잖아요. 하나는 그 도시에서의 레벨이 있고 나라에서의 레벨이 있고 국제적인 레벨이 있잖아요. 나는 어쨌든지 나

라를 대표하는, 아니면 나라 대표 이상, 세계를 바라보는 레벨로
서 컬렉션의 수준을 내가 가지고 있기 때문에.

이건 쓰레기다 뭐다 하고 말하는데 그게 아니다. 이건 그런 수준
의 작품이다 하는 것이 컬렉터이지요. 내 능력이다, 내 감각이다,
내 저력이에요. 내가 가지고 있는 내 능력이에요. 다른 사람이 이
건 쓰레기다 뭐다 해도 아니에요, 그런 건…

내가 잡은 고기는 제1급의 고기를 잡는다. 그런 식으로 컬렉션을
했어요. 다른 사람이 이건 어떤 가치가 있다, 얼마짜리다 해도 그
런 건 관계없어요. 그래서 그렇게 무조건 내 눈에 맞다고 느껴지
는 건 수집을 계속해서 해왔어요. 그래서 5·18 작품도 나는 지하
에 묻힌 사람들의 작품까지 찾아가서 사고 그렇게 했어요. 그렇게
안 하였다면 그 작품은 오늘날 없었을 겁니다. 못 나와요.

나만큼 5·18 작품을 수집했던 사람이 있어요? 없습니다. 지금 많
이 나오고 있지만. 내가 그럼 무섭지 않았을까? 다른 사람들이 나
에게 조심해라, 조심해라 했어요. 감옥에 간다고. 우리 집도, 저
도, 가족도, 조심 안하고 잘못하면 내가 일본에 못 돌아온다고. 가
지 말라고, 수집하지 말라고, 그래서 갈등이 많이 있었어요. 그래

영암 하정웅미술관의 하정웅콜렉션전

도 아니다. 내가 뭐 정치가도 아니고요. 빨갱이도 아니고요. 내가 뭐 나라의 나쁜 일을 했던 것도 아니고. 우리 민족을, 우리 역사 자료를 내가 모으는데 기록을 남기는데 미술품을 수집을 하는데, 내가 감옥에 들어가야 해요? 그래서 내가 반발을 해가지고요. 아 그런데 다행히 우리나라에서 나를 잡으려 했던 사람은 한 사람도 없었어요.

극단 양산박을 세운 연출가

- 이름 : 김수진
- 구술일자 : 2013년 4월 4일
- 구술장소 : 도쿄 신주쿠 양산박(梁山泊)극단
- 구술시간 : 1시간 52분
- 구술면담자 : 동선희(인터뷰), 김인덕, 정희선
- 촬영 및 녹음 : 성주현

■ 김수진(金守珍)

1954년 도쿄에서 태어난 제일 2세이다. 고등학교까지 조선학교를 다녔으며 대학에서 전자공학을 전공하고 졸업할 때까지 연극을 접하지 못했으나 우연한 기회에 김지하의 연극을 접하고 큰 감동을 받아 연극의 길에 들어서게 된다. 1987년 〈신주쿠 양산박〉이라는 극단을 세워 대표가 되었으며 많은 연극을 제작, 연출했다. 무대뿐만 아니라 야외 텐트에서 공연을 하는 등 연극 형식면에서도 다양한 실험을 했다. 한국과 일본의 연극 교류에 힘을 기울여 '우다가와 신쥬', '백년, 바람의 동료들' 등을 한국과 일본에서 공연하고 2013년 10월에는 '달집'을 공연할 예정이다. 2001년에는 한일합작영화 '밤을 걸고'를 감독하여 일본영화감독협회 신인상을 수상했다.

■ 인터뷰에 관해

이 인터뷰는 양산박극단에서 이루어졌다. 이 극단은 사무실, 공연장, 연습실, 숙소 등이 한 곳에 모여 연극이 제작되는 현장이다. 김수진 감독은 새 연극 준비로 여념이 없는 가운데 시간을 내 주었다. 인터뷰는 시간관계상 성장과정, 양산박 운영, '백년, 바람의 동료들'에 관한 내용으로 준비했다. 그러나 실제 인터뷰는 그러한 내용뿐 아니라 종로 양산박을 세울 계획이라든가, 일본에서 재일코리안의 문화적 중심을 세우는 문제, 한일 문화 교류 등의 문제 등 앞으로의 계획과 포부까지 얘기가 확장되었다.

■ 구술 내용

연습과 공연을 하는 곳

Q : 양산박의 구조에 관해 말씀해 주세요.

A : 연습실이 있고, 거기서 공연도 합니다. 최근에 세 편 올렸는데 총 2,000명이나 공연을 찾아주셨어요. 객석은 80석인데 공연을 좀 길게 한 달 정도 했으니까요. 또 2층에도 우리 숙박소도 있고요. 예전에 전주대 학생들이 25명 정도 숙박하면서 와세다 대학에서 오태석(吳泰錫)[1] 선생님의 '태'라는 작품을 올렸어요. 학생인데 아주 수준이 높았다는 평가를 받았습니다.

Q : 방을 대여로 빌려서 주십니까?

A : 우리가 초대하기도 하고요. 빌려도 주고요. 또 지방 오사카 등에서 오는 극단은 여기서 만들고 공연 올리는 사람들도 있고. 그렇다고 해서 모두에게 개방이 되는 것은 아니고, 작업을 받을만한 사람들을 받고 있습니다.

재일교포에 대한 관심

Q : 저희 연구소에서는 국가에서 5년간 지원을 받아서 재일교포백년사를 연구하고 있습니다. 일본 연구자들과 한국의 여러 기관, 연구자들도 함께 하고 있고요.

A : 저희도 '백년 바람의 동료들' 연극을 이번에 했는데요.(웃음) 관심을 가져주셔서 감사합니다. 저는 해마다 한국에서 공연 올리고 있어요. 20년 전에 처음으로 한국을 방문했을 때도 재일에 대해 모르

---

[1] 한국의 극작가, 연출가.

고 있고 아니 그보다 관심이 없었어요. 이번에 서울에서 저희 재일동포들이 만든 영화를 상영하는 영화제가 있었어요. 역사박물관에서요. 옛날 '양짱'이나 '칠흑의 강', 그리고 제가 만든 '밤을 걸고' 등 다섯 개나 상영했지요. 내 영화는 오랜만이지요.

Q : 작년 8월부터 한 거지요? 광복절에 맞춰 100주년 행사로 했고, 거기서 이성규 선생님 강연도 있었어요. 강덕상(姜德相) 선생님과 역사자료팀, 학생들도 갔고 영화도 상영을 했지요.

A : 저는 몰랐었다가 올해 2월에 알았어요. 점점 재일교포 이야기에 관심을 가져주셔서 좋네요.

Q : 우리의 백년의 역사를 가지고 있는데 '백년 바람의 동료들'을 공연해 주셔서 저희가 굉장히 기뻤습니다.

A : 우리는 일본에서 살아가자고 하는 2세들이예요. 그러면 문화가 필요하다, 일본 사람하고 같이 즐기고 놀자 생각했고 우리들이 마이너리티 사회라는 것을 일본에 만들자고 했지요. 일본은 마이너리티 그런 거 없다는 거예요. 독일에 갈 때, 아 이런 재일 한국인들이 살아있다. 신기하다 해서 초청을 받았어요. '인어전설' 공연으로요. 그때 "아 일본은 다 귀화하는 게 아니구나." 하는 거예요. 미국도 다 그렇죠. 그 나라에 가면 그 나라의 국적을 받는데 왜 우리는 안 받고 있는지 신기해합니다. 일본의 귀화하는 제도 자체가 틀린 제도이니까요.

왜냐하면 한국계 일본인이란 게, 자신의 뿌리라던가 전통 그런 걸 끊지 말고 그 나라에 속한다면 엄청 좋은 것인데, 미국도 그렇게 그린카드를 가질 때에는 그것을 감출 필요가 없는 거잖아요. 반일 감정을 가지니까 그런 건지 일본은 모범적인 일본인으로 재생하겠다는. 이 재생하겠다는 것은 웃기는 이야기고(웃음) 우리가 무슨 나쁜 걸 했습니까? 또 무엇이 안 되서 재생해야 되겠습니까? 왜 새롭게 출발을 해야 하는지, 지금까지 산 것을 끊어야 이 나라 사람들은 인정을 해요.

최근에는 김수진이라는 이름으로도 귀화를 할 수 있게 됐어요. 지금까진 일본식으로밖에 안 됐는데, 그거는 식민지로 되돌아가는 의미기도 하잖아요. 하지만 최근에 축구 덕분에 로페스나 산토스 같은 프랑스나 브라질 축구선수들이 그냥 자기 이름으로 귀화를 하게 됐어요. 그런데 우리는 왜 안 되었지요? 그런 간단한 일을 왜 못 해왔는지…

인간이 만든 법이나 사회라는 것이 이런 것이에요. 간단히 부셔낼 수 있는데 그 모순이나 틀린 것을 모르면 그것은 힘을 가지고 있는 것이죠. 그리고 이충성(李忠成)이라는 축구선수를 보면 이충성

구술하는 김수진 감독

이름을 일본식이 아닌 그대로 한국식으로, 그래서 "리 타다나리"
라고 하면 '아, 이 사람 한국인이다' 하고 알 수 있는데요, 그것은
좋은 흐름이라고 생각됩니다.

하지만 요즘 재특회(在特會)라고 있지요? 거기서 '조선인 죽여라,
나쁜 한국인도 좋은 한국인도 다 죽여라'는 말을 할 수 있는 나라
예요. 그래도 잡히지 않아요. '죽이자, 밖에 보이는 저 쓰레기처럼
없애자. 독일처럼 유태인처럼 가스실에 넣고 죽이자.' 이런 말을
코리아타운에 와서 해요, 이 사람들이. 그러나 이것을 일본 정부
가 보호하는 거예요. 인터넷상으로도 가명을 써서 차별을 엄청 하
죠. 누군지도 모르고 얼굴이 안보이니까요. 그러니까 일본에는 차
별이 없어졌다, 이게 아니고 어디까지나 근본적인 차별을 있다는
걸 밝히는 게 저는 좋다 이거에요. 그 놈들이 떠들면 떠들수록 우
리는 차별받고 있다, 일본 사람이 근본이 거기에 있다는 것을 세
계적으로 밝히는 것 이것도 하나의 힘이 되니까 좋아요.(웃음)

그리고 '조센진' 하면 저는 정신을 잃어버릴 만큼 화가 나는데요.
이건 한국 사람이라 하면 차별하는 말이 아닌데, 조센진 하는 것
은 차별하는 거죠. 북한이 아니고 '조센' 하면, 그래서 쫑, 쫑이라
고 하는 거죠. 바카쫑카메라라고 하는 걸 들어보셨습니까?

Q : 쫑은 많이 들어 봤어요.

A : 바카쫑카메라라는 아무라도, 바보라도 사진을 찍을 수 있다, 바보하
고 조선인하고 합쳐서. 저는 그것이 욕인 줄을 모르고, 같이 바카
쫑 바카쫑 하곤 했었어요. 조선인을 바카(바보)라고 바카쫑이라
하는 거죠. 지금도 이놈들이 쫑쫑쫑 해요. 쫑이라고 하면 조선의
조를 쫑이라 해요, 코는 고등학교 그래서 조선 고등학교를 쫑코라
고 하죠. 우리학교, 북한쪽 조선학교를 일본놈들이 쫑코, 쫑코 부

르죠. 중학교는 쫑츄, 그냥 학교는 쫑쫑쫑.(웃음)

이것을 아직도 해결 안되고 있고 더 심하게 됐죠. 아베가 되고, 하시모토가 되고 해서 지금까지 숨어있고 참고 있었던 놈들이(웃음) 헌법도 바꾸고 전쟁도 하고 북한도 죽이자 하는 등등 떠들어대고 그러죠.

최근의 변화에 대해

Q : 저희들이 2월 말에 조박(趙博) 선생님이랑 만나봤는데 그때 쓰루하시에서 재특회에서 데모를 하고 있더라구요.

A : 예, 데모했어요. 최근에 4일 전인가, 일요일인데도 했고요. 원코리아에 정갑수(鄭甲壽)2) 씨가 그에 대항해서 플랭카드에 '사이좋게 합시다. 평화입니다.' 하면서 200명이 모였어요. 일본인 데모인보다 더 많이 거리에 나갔지요. 근데 경찰 놈들은 대항하는 우리 사람들을 '물러가라!' 하면서 그놈들을 보호하고. 사실 일장기도 옛날에 해군 일장기지요. 그거 보면 참.

그래도 요즘에는 뭐 달라지고 있는 것도 사실이고요. 일본은 우리를 무시 못 하고 있고 우리도 이대로 살아 갈 수 있습니다. 귀화를 안 하더라도.

Q : 뭐 힘이 또 많이 생기시고 또 한국도 많이 발전해 가고 또 세계에서 보는 눈도 좀 달라졌잖아요.

A : 한국 사람들은 이런 것은 모르는데요. 한국에서 오시는 한국 사람은 괜찮아요. 한류 스타나 한류면 괜찮은데, '일본에서 태어나서 자랐는데, 왜 한국 국적을 가지고 있냐?' 일본 사람은 무서워해요.

---

2) 원코리아 페스티벌 대표.

일본은 다 일본 사람으로 구성되어야 하는데 우리가 한국 국적이 나 우리 이름 가지고 있으면 '아, 이 사람은 반일감정을 가지고 일 본을 해치는 놈들이다.' 하는 경계를 받아요.(웃음) 근데 또 이상한 것이 나는 일본 대표로 해마다 우리 양산박을 가 지고 나가고 있으니까요. 이 한국 국적 김수진이 일본문화청에서 세금을 받고 나가니까(웃음) 그것도 엄청난 돈이에요. 1억 어떨 때는 뭐 3억 원(3,000만 엔) 그만큼 청구를 받으니까요. 그니까 뭐 한국 사람이라서 한국 국적을 가지고 있다 해서 그런 법적인 차별 이 있지만, 그래도 열심히 하면 없게 되는 것도 사실이고…

Q : 일본 사람들이 힘 있는 사람한테 또 오히려 관대하는 그런 것도 있지 않은가요?

A : 예. 역도산도 공수도 최배달 씨도 일본 영웅은 다 우리 사람이고. (웃음) 노래 가수 미소라 히바리(美空ひばり)도, 지금 와다 아키코 (和田アキ子).[3] 와다 아키코가 최근에 자기가 한국 사람이라는 걸 밝혔죠. 아버님이 세상 떠나시니까. 와다 아키코는 홍백가합전(紅 白歌合戰)에 나오는 가수인데, 남자같이 생긴 가수로 키가 크고 지금 마루한 빠칭코 선전을 계속 하고 있습니다. '마루한에 놀러 오세요!'라는 텔레비전 CM이 와다 아키코에요.

재일들의 문화적 모임

Q : 오늘 연습이 시작되어 바쁘신데 저희의 인터뷰에 응해주셔서 감 사합니다. '100년 바람의 동료들'을 보고 선생님하고 이렇게 연락 을 하게 되서 영광입니다. 배우인 젠바라(全原) 씨와도 인터뷰를

---

[3] 1950년생 가수, 탤런트, 사회자.

하려 하는데요. 혹시 배우들이나 스태프 중에서도 또 다른 재일코
리안인 분들이 있으신가요?

A : 젠바라가 지금 공연 중이지만 낮에는 괜찮을 거예요. 배우 중에
재일은. 오페라가수 전월선(田月仙)[4] 아십니까? KBS에서도 4월
7일에 방송해요. 전월선은 내 후배고, 아주 서로 어려운 시기에
같이 해왔어요. 전월선도 연출을 몇 번 했고, 우리 공연도 많이 도
와주고 있어요. 한국에 자주 가요.

전월선과 함께 우리들이 '양의 회'라는 것을 만들었어요. 양석일
선생님을 중심으로 모이는 회가 '양의 회'지요. 양석일(梁石日)[5]
선생님은 '피와 뼈'의 작가시고, 그 작품으로 영화도 찍었지요.
양석일 선생이 나오키상 후보가 되었지만 떨어졌죠. 그때 너무 우
리들이 안타까워서 양석일 선생님을 위해 우리가 파이팅하자 해
서 만들었어요. 그것이 15년 정도 지났죠. 그래서 오래간만에 작
년에 '양의 회'를 하니까 약 200명 정도 모였어요. 그때 재일교포
출신이 중심이 되고 일본 사람들도 다 모이고요. 정치가들도요.
거기서 자신있게 내가 말했어요. '민단도 총련도 나라에 이바지하
는 조직이고, 나라에서 하나의 작은 기반이다. 순수한 재일동포,
일본에 사는 우리를 위한 조직은 아직도 없다. 이 양의 회가 앞으
로 중심 역할을 해 가자, 우리학교도 만들고 문화예술의 중심지가
되자. 그것을 한국 정부에도 북한 정부에도 알리자.' 그래서 분노
의 열두 명의 재일교포가 다시 모입니다.

그중 이봉우 씨도 있어요. 옛날 시네콰논을 운영했는데, 일본에서
는 대성공한 영화인이에요. '쉬리'를 상영해 대박 장사가 되고, 쉬
리 빌딩도 있었고 그 다음에 임권택 선생님의 작품도 다 했고요.

---

[4] 재일동포 2세 성악가. 남과 북을 오가며 노래하고 있다.
[5] 1936~. 재일 2세 소설가. 작품 중 『밤을 걸고』, 『피와 뼈』 등이 영화화되었다.

특히 '서편제'는 일본 흥행이 잘 되었고 또 자기도 영화를 많이 만들었는데요. 명동에 일본영화를 소개하기 위한 영화관도 하나 만들었어요. 그런데 그 영화관이 망했어요. 사기꾼한테 걸려서요. 상대방은 완전 사기꾼인데 이런 일이 있을 수가 없다고. 이봉우도 한국 쪽에서 속았다 했어요. 여러 회사가 펀드로 450억 원(45억 엔) 모여서 자유롭게 영화를 만들고 있었는데 사실 이런 일은 일본 영화계에 힘이 되었는데요. 결국 한 회사가 빠지니까 점점 다른 회사도 빠지고 그러다가 무너졌죠.

그래도 시네콰논은 그냥 남아 있었는데 또 민단 쪽에서 한 사람이 경쟁이 들어와서 다 빼앗겨 버렸죠. 이것도 아주 슬픈 일이지만… 그 이봉우 씨도 같이 양의 회에 있어요.

우리의 시작은 '코리아'라는 통일탁구영화라는 게 있었죠? 그것을 '하나'라는 이름으로 바꿔서 문화복장학원 400석 홀에서 4월 15일에 내가 사회자로 '양의 회'를 하지요. 바로 그 '하나'라는 영화를 통해서요.

근데 북한 때문에 아주 어려워졌어요. 내용이 너무 좋아서 큰 회사가 하려다가 북한이 미사일을 쏘는 바람에 다 날아갔어요. 또 북한이 지금 크게 위협을 하니까 '여기 손대지 말자' 해서.

Q : 그것이 연기가 되었습니까?

A : 아니요. 연기하고 싶지 않아서 하기는 해요. 대신 축소해서 하는데요. 4월 15일에 모이고요. 재일교포 힘으로는 아주 어렵지만 모이고 넘어가자 했고요.

탁구에 관한 다큐가 있어요. 나도 못 봤는데요. 영화는 영화대로 하고 다큐는 우리가 같이 보고 통일을 위한 하나의 힘이라는 것으로써 4월 15일에 원코리아 페스티벌의 일환으로 해요.

정갑수씨가 출현하시면 좋은데요. 왜냐하면 내가 믿는 유일한 재일동포를 대표하는 정치가가 필요하다면 정갑수씨가 제일이죠. 문제도 많지만.(웃음) 그 사람은 내가 못하는 일을 다 하니까요. 그래서 일본에서 공익재단을 받았어요. 한국 사람으로 공익재단을 받은 사람은 두 사람밖에 없어요. 빠칭코 회사 마루한 한창우 씨하고 원코리아의 정갑수 씨하고.

앞으로 이 원코리아를 우리가 이용해서 문화적인 발신을 하고 한국 정부에서도 관심을 가지게 하고. 쓰루하시, 오사카 코리안타운하고 일본 오쿠보, 신오쿠보. 데모하는 그 중심에 우리 극장을 세우면 어떨까? 영화도 연극도 또 거기서 우리말 배우고 하는 문화센터를 만들기 위한 협력을 한국 정부도 해주시면 어떨까, 그것을 위해서도 우리가 어떤 것을 하고, 우리가 힘을 합치자는 것도 알리자 라고 의견을 모았습니다.

원코리아 페스티벌에 관해

Q : 원코리아 페스티벌은 오사카에서 하지요? 양산박도 페스티벌에 참가하시나요?

A : 9월 말에 원코리아 페스티벌을 오사카에서 크게 해요. 양산박 텐트를 광장에 세우고 광장에 1,500석? 원래 뭐 800석, 500석 밖에 없는데, 텐트는 재밌는 것이 옆으로 얼마든지 더 들어갈 수 있어요. 야외무대라서 비가 내려도 괜찮고요. 9월 28일부터 3일간 우리는 '바람의 소리'를 공연하기로 했습니다. 영화를 보기도 하고요. 쓰루하시 코리아타운에 문화시설을 만들자. 먼저 우리부터 경제인들의 힘을 모아서, 그러나 지금까지 빠칭코도 돈을 많이 벌었는데 다 북한에 보내 버렸죠? 그러나 그것을 또 막았으니까. 그 돈을 가지고 일본에 있는 사람을 위해서 일본 취업을 위한 시설이나

우리를 위한 것은 한 번도 못 만들어 봤으니까, 그런 갬블(gamble) 돈도 깨끗이 만들어야 우리가 존경 받는 거니까요. 그런 이야기도 지금 진행 중입니다.

김순차(金淳次)라는, 지금 마루한의 공격을 많이 받고 있는 친구가 있는데요.[6] 마루한 한창우 씨가 일부러 일본 정부와 힘을 합쳐서 작은 파친코사업을 전부 없애자는 거예요. 일부러 약한 데를 공격해 마루한이 다 챙기니까요.

우리 동포끼리 싸우면 안 좋은데요. 김순차 씨도 최근에 민단의 상공인으로 활약을 했는데 최근에 쫓겨났대요. 민단에서 빠졌어요. 지금 말씀드리고 있는 것은 내가 대사관을 가서 대사님하고 이야길 나누면서 들었어요.

요츠야에 한국문화원이 있는데요. 내 후배 민영치(閔英治)[7]라는 음악가가 '거기를 재일교포 즉, 자이니치를 위해서 자유롭게 우리가 운영을 할까', 그런 제안을 했을 때 대사님께서는 '한국 정부에서는 재일동포를 위해서 80억, 어떨 때는 100억 지원금을 보내고 있다. 재일교포를 위해 나라에서 이렇게 하니까 그것을 사용하면 된다.' 그래요.

또 민단 쪽에서는 많이 로비활동을 했지요. 그건 어디까지나 정치로비 활동에 쓰는 돈이고 문화적인 발전에 대한 것이 조금이라도 흘러오면요. 앞으로 동포생활도 좋게 될 텐데요. 그것을 어떻게

---

6) 2005년 민단 내 재일한국상공회의소(한상련) 선거에서 최종태 후보와 한창우 후보가 대결한 것이 양 세력 분열의 출발점이다. 이후 최종태 회장이 2011년부터 민단에서 조직 이탈을 추진했고, 민단은 산하단체인 한상련을 다시 설립함으로써 명칭이 같은 두 조직의 대립 양상을 띠었다. 결국 2012년 6월 민단 중앙본부는 재일한국상공회의소연합회(한상련)의 분열사태와 조직 혼란을 일으켰다는 이유로 김순차 등에게 제명처분을 내렸다.

7) 재일교포 3세 음악가. 장구 등 국악기 연주자로 알려졌다.

공연 연습장의 양산박 등

하면 좋을까 회의도 하고 문화에 대한 관심, 신용도 있어야 하고. 그래서 이번에 이런 취재도 많이 도움이 됩니다.

원코리아라는 것은 28년째 하고 있습니다. 이것도 대단한 일이고 요 내년, 내후년에 30주년 할 때 이런 제안을 가지고 가면 어떨까. 그것을 위해서도 힘이 미약하지만 시작을 하고 있는 중입니다. 근데 9월 28일 오실 수 있으시면 좋겠네요.(웃음)

우리 공연은 3일간 하고 마지막 클로징에서 가수들이 와서 노래 자랑을 하고 마지막에 '하나!'라는 구호를 외칩니다. 이번에 영화도, 한국제목은 '코리아'인데요. 여기서 '하나'로 바뀌었습니다.

Q : 아 그렇군요. '코리아'는 배두나랑 하지원이 나오는 영화지요?

A : 예 맞아요. 배두나. 그 배두나가 일본에서 인기가 있어요. 한국에서 개봉은 잘 되었어요?

Q : 비교적 흥행했을 거예요. 그거 찍고 배두나가 미국 진출을 해서
헐리우드에 갔지요.

A : 아, 우리는 이번에 다 망했습니다. 코리아 '하나'를 하자고 하니까
다 도망가고 했을 때, 시부야의 어느 영화관이 배두나 페스티벌을
해요. 이봉우 씨도 머리가 좋으니까 배두나 페스티벌 열리잖아요.
그 안에 '코리아'가 있는 거예요.

코리아만 하면 안 되었어요. 배두나 페스티벌을 하자 해서 한국
영화를 상영하지요. 그러니까 일본 사람들은 북한의 냄새가 들어
오는 거는 다 싫어하니까. 통일이야긴 북한을 조금 느껴야 하니까
요.

양영희 감독의 영화

Q : 제가 며칠 전에 양영희(梁英姬) 씨가 감독을 한 '가족의 나라'를 보
고 왔습니다. 근데 거기에 선생님 이름이 나왔어요. 어떻게 어디
나오신 겁니까? 혹시 재일교포들은 그 영화에 대해서 어떻게 생각
하나요?

A : 이름이 아주 크게 나오는데.(웃음) 우정으로 나온 거예요. 북한에
서 명령하는 목소리만 나온 거예요. 전화로 말하니까.(웃음) 재일
동포들은 심각하게 받아들이지요. 다 희생자들이니까. 조총련 사
람들도 다 이거 눈물 쏟아질 겁니다. 다들 그렇습니다. 니가타항
(新潟港)에서 많이 보냈지요. 지금 너무 억울하게 살고 있는 것도
사실이고. 가족의 나라 이전에 '디어 평양' 보셨어요?

Q : 네 봤어요.

A : 그 아버지가 굉장히 독특하지요. 그런데 그 영화 보면 뭐랄까요,
애정이 너무 좋아요. 재밌어요. 재밌고 매력 있고 혹시 남자배우

상 있으면 주고 싶은.(웃음) 다큐영화니까 아버지가 연기가 하는 것도 아닌데도 너무 재밌어요. 또 마지막엔 병이 들어도 '당신을 사랑한다'하고, 딸 영희가 찍고 있는데.

원래는 조박도 나도 그런 사람 미워했죠. 그런 사람들이 훈장을 다 받았고요. 10만 명 재일교포가 이북에 갔는데 그 중 반수(半數)도 지금 살아 있는지 모르는 일이고. 결국 우리들에게 피해를 준 거 아닙니까?

그러나 그 영화를 보면 아주 열심히.(웃음) 그 시기에 한국이 못 하는 일을 우리를 위해 했으니까. 그래도 북한 그때에는 아주 멋 있는 게 있었어요. 미국을 몰아내고 그런 것도 사실이고.

민족주의자들이 공산주의자는 하나도 없어요. 민족주의잔데 북한을 선택한 거는요. 그때 북한이 힘을 가지고 있어 보이고 발전해 보이는 것이 있었어요. 북한이 임시적으로 그렇게 보이는 시기가 있었다는 것이에요. 해방 후에.

그래서 귀국하니까 점점 이상하게 되고 이상하게 되었을 때는 뭐 되돌아 갈 수가 없고요. 또 북한에서 교육원조장학금에서 보내오는 엄청난 돈이 있는데 그것도 재일동포들이 북한에 보낸 일부가 돌아오는 것인데, 그것도 몰랐지요.

여기 아시카가은행이라는 것이 북한과 연결했는데, 이거를 고이즈미가 다 끊어 버렸으니까요.(웃음) 고이즈미가 평양 가서 뭘 했는지, 그러니까 지금까지 북한은 알면서도 조총련회관 거기도 어느 틈에 팔아먹었고 점점 힘이 약해지고 있어요.

민단은 아무것도 안 해요. 그냥 경제인들이 경제를 하기 위한 조직이지요. 북한은 민족주의인 우리를 이용하면서 대학교까지 만들었죠. 그것도 사실입니다.

우리학교라는 것을 여러분도 모르시고 북한도 잘 몰라요. 이런 학교가 있다는 것을요. 거기서 김일성, 김일성 하다가, 김정일 초상화가 나왔을 때 많이 이상했죠. 김일성만 외쳤는데 김정일이 왔으니까. 민주주의인데, 천황도 아닌데 왜 그런가? 김정일도 아무 고생 없는 왕자일 뿐이죠. 거기서 실망하게 되고 힘이 빠지고 이상했죠. 그래도 그때 우리학교의 각 선생님들은 정말 훌륭했습니다.

가족들과 성장 배경

Q : 예, 지금 선생님의 시간도 많지 않으시고 그러시니까 저희는 얘기를 한 세 가지로 줄였으면 좋겠어요. 선생님 개인에 대해서 선생님이 뭐 어릴 때 어떻게 하다가 이 연극에 이렇게 하게 되었는지 굉장히 궁금해요. 그리고 아버지, 어머니께서는 왜 일본에 오셨고 그런 거를 조금 선생님에 대한 거 한 가지, 그 다음에는 양산박에 대한 것, 어떻게 이게 운영이 되고 선생님이 만드셨는데 오랜 세월이 동안 지났으니까 어떤 변화라든가 이런 거를 말씀해주시면 좋겠구요. 그 다음에 지난번에 저희가 본 그 연극 공연에 대해서 말씀을 해주시면 좋겠구요. 그런 정도로 말씀을 해주시면 감사하겠습니다.

A : 아버님은 경상남도 창원군 대산면 일동리 485, 거기서 건너오시고, 건너오셨을 때 열여덟 살이었어요. 우리는 김해 김씨입니다. 바로 앞에 김해김씨 묘를 만들었습니다. 우리 삼촌 김용달 아저씨가 이승만 시기에 지하활동을 해서 잡혔어요. 그러다. 사형을 받을 위험이 있었어요. 우리 아버님이 창원, 낙동강 있는 거기서 농사를 했는데요. 그래서 선산을 다 팔고 우리 삼촌을 일본에 도망시켰습니다. 삼촌과 우리 아버지는 항상 말싸움을 하셨어요. 너가 그런 짓을 하니깐 이 왜놈 새끼 나라에 내가 왔다. 니가 그런 짓을 하니까.

우리 아버님은 민주주의자 분이시고, 총련도 민단도 양쪽을 후원했습니다. 그러니까 내가 한번은 북한에 친구들이 가 버리니까 너무 섭섭해서 간다 했을 때, '민단도 돈 내고 가니까 너는 평양에 못 간다. 가도 너와 헤어진다. 더 이상 이산가족이 되면 안 된다.' 그렇게 얘기했어요.

그런 이야길 들으니까, 그때 아버님은 결혼을 하고 계셨고, 우리 누님은 서울에 계셔요. 저와 어머니가 다르죠. 6 · 25때 많이 갈등이 있어서 자세히는 말씀을 안 하시지만 내가 족보에 못 들어갔죠. 우리 어머님이 따로 있어서.

그래서 김수진이라는 이름이 원래 외할아버지가 붙인 이름이고, 김수진하면 여자 이름이라고 왜 외할아버지가 이 이름을 붙이셨는진 모르지만요. 지금 우리형과 나는 김태진, 김수진인데 원래는 돌림자를 써서 김진수, 김광수였어요. 수가 돌림자죠.

그래서 우리 사촌들은 김학수, 김동수지요. 지금도 한국에서 동수형이 우리 집안을 지켜 주시고 그 후에 우리 아버님이 돈벌이해서 많은 돈을 보냈습니다. 우리 집안도 힘들었지만 우리 고향을 위해서, '왜 항상 우리 어머님은 이렇게 가난하나.' 하고 다 돈벌이해서 보내버립니다. 그래도 우리 아버님이 장남이시니까 자기 책임으로 팔았던 성주의 묘를 다시 찾게 되어서 장사를 해 돈을 보냈죠. 창원에서 지금도 아주 고추, 생선, 잘 만들고 있습니다.

그래서 그때 아버지는 술장사하기 위해서 후쿠시마현에 가셨죠. 그때 우리 어머님을 만났고 우리 어머님은 2세이시고 외할아버지, 외할머니가 남해 출신입니다. 외할아버지가 돈벌이하기 위해서 여기 오셨죠. 근데 실패, 실패 또 실패를 했죠. 성공은 못했지만요. 그때 우리 어머님하고 아버님이 만나게 되었고, 도쿄에서 뭐 장사를 여러 가지 많이 하셨습니다. 그때 형과 제가 태어났구요.

나는 우리학교를 소학교부터 고등학교까지 다녔습니다. 왜냐면 갈 데가 없어서, 제7초급학교 안에 살았습니다. 그때 우리 엄마가 식당 아줌마를 했어요.

조박 씨는 우리학교 출신이 아닙니다. 그래서 내가 우리학교 이야기를 했고 조박 씬 그래도 우리학교에 원래는 가고 싶었던 마음도 있었다는데. 그래서 그런 이야기를 했습니다. 나도 우리학교 다니면서도 이상하다. 중학교 때 우리는 이순신 장군의 기북선도 내가 모형도 가지고 만들고, 이순신 장군 노래도 불렀는데, 갑자기 장군님은 딱 한 사람 김일성뿐이다(웃음) 선생님이 그런 말씀을 해서 우리는 다 반대했어요. 이순신 장군은 히데요시 때려 부순 분인데, 선생님은 그는 인민을 위한 봉건주의이다. 이순신은 인민을 착취하는 그런 귀족들에 불과하다. 민중을 위해서, 장군은 민중을 위해서야 한다고 했어요. 웃었지요.

구술하는 김수진 감독

어린 시절부터 총련 위원장인 한덕수(韓德銖) 아들이 장남이 우리 한 학년 아래였어요. 학교 다닐 때도 정말 머리도 안 좋고, 바보고, 나쁜 비지니스를 하는 그룹의 금붕어 똥이라 그래요. 긴교노훈(金魚の糞)이라고 하죠. 또 나쁜 짓을 하고요.

그리고 조선인부락이라고 있어요. 아주 가난한 지역, 특히 제주도 건너오신 분들이 많은데 도쿄에서도, 오사카 쓰루하시에서도 그래요. 닛포리도. 제주도 사람들은 눈치가 빨라요. 일본 사람이 못 들어가는 동네도 있어요. 무서운 동네에요. 또 제주도 사람들은 남자들이 일 안하니까 엄마들이 여기 와서 리어카 하고 고철 장사도 정말 잘해요.

경상도 사람들은 양반이라 해서 눈치 주는 거 싫어하고요. 그래서 우리학교도 제주도, 전라도, 경상도 좀 색깔이 달라요. 왜냐면 제주도 사람들은 같이 모여서 눈치로 살아가니까요. 그렇지만 경상도는 여럿이 아니라 각각 한 사람이니까. 일본 사람도 그렇지만 제주도 사람들도 이지메를 해요. 서로 서로 차별했어요.

나도 경험했는데, 어린 시절에 우에노에 와서 우리 어머님은 저고리를 만들고 계셨어요. 그때 내가 바깥에서 기다리다가 다섯 명인가 여섯 명에게 얻어맞았어요. 코피가 났죠. 어린 시절에 말이죠. 아직 소학교도 안 갔는데, '너 뭐 하냐?' 하고 물어 봐서, '엄마가 지금 저고리 만들고 있다'고 하니까 '니 조선 사람이야? 빨리 말해.' 그래서 놀랬죠. 그때 내가 옷을 예쁘게 입었어요. 조선 사람답지 않았죠.

그때부터 왠지 내 적은 제주도 지방이예요. 고등학교 시기도 그렇고 일부러 나한테 뭐 좀 그런 것이 있었습니다. 그래도 내가 그리워한 것은 그 모여 사는 동네들. 나는 혼자 사니까.

Q : 전라도 사람 그때 있어요?

A : 전라도는 아주 소수로 있었어요. 경상도 사람들 음식은 짜다 하고
또 전라도는 싱겁다 싱겁다 하고. 그때도 지역별로 다툼이 있었
죠. 그래도 전라도 사람들은 소수이니까요.

전라도도 북한사람들도 거의 없고 경기도도 강원도도 의식 있는
사람들은 만주 쪽으로 가버렸다고 들으니까 그래서 알았습니다.
왜 한국 사람이 재일동포들을 차별하는지, 관심이 없는지, 무시하
는지를 말이지요.

아, '6·25 때도 그렇고 식민지 때도 지식이나 마음 있는 사람은
다 만주 쪽으로 가서 통일운동 했다, 독립운동을 했다'는 거죠. '일
본 건너 간 놈들은 딴 놈들이다.' 그렇게 얘기한다고 아버지한테
들었어요. 그니까 교육도 할 필요 없고, 뭐 쓰레기 같은 놈들이 왔
으니까.

나는 그것은 아닌데, 우리 아버지가 그런 사람이 아니고 많은 사
람이 그게 아닌데 했어요. 그렇다면 어떻게 하면 일본서 우리들이
긍지를 가지고 열심히 공부하고 일본 사람이 보기에 열심히 하고
있단 모습을 전달될까 해서 처음으로 '천년의 고독'이란 작품으로
한국에 1989년에 갑니다. 그때는 일본문화 개방이 안 되고 있었어
요.

그때는 자막도 없는 시대이니까 그대로 했는데 새로운 문화 침략
이라고 말이 많았어요. 여태까지는 우리나라를 위해서 열심히 우
리말 장단을 배우고, 우리말을 배우고 그렇게 열심히 해 왔다는
사람들이 한국에 몇 번 갔죠. 근데 나는 일본 그대로 했어요. 일본
말로, 기모노 입고, 내용은 우리 교포들 이야기이고.

강 곁에서 항상 저쪽을 그리워하면서 그것이 임진강인지, 낙동강
인지 또 해협인지, 현해탄인지 모르고 그저 항상 그리워해서 날아

가는 나비, 철새라고 있는데요. 이 해협을 건너간 철나비라는 것
이 있었습니다. 그 나비, 철새에 우리 마음을 담아서 왔다 갔다 하
자는 것이지요.

또 북한에도 조국 왕래라 해서 초등학교에서 처음으로 축구부가
갔다가 돌아왔습니다.

7·4 남북공동선명도 나왔으니까, 박정희하고 김일성하고 손잡았
다, 아 통일이 가까워졌다. 또 일본도 북한 왔다 갔다 자유롭다.
그래서 갑자기 많은 사람이 북한에 만경봉 타고 갔는데 내 친구들
다 가버렸어요. 한 사람 빼고 다 가버렸어요. 우리 수학여행은 니
가타에서 박수 치고 만세하는 것.(웃음)

그런데 박정희가 암살되고 또 중국 천안문사건도 일어나고요.
그리곤 좀 이야기가 달라지는데, 북한에 있는 내 친구들 위해서
내가 중국에 두 번 들어갔습니다. 북한에 들어갈 예정도 했습니
다. 그때 문화장관이 귀국자였습니다. 거기서 '피아노 20대 기부
하면 공연할 수 있다' 그랬지요. 그전에 여자애 록 가수들이 공연
했습니다. 북한이 자본주의 나라의 나쁜 것을 먼저 보인 것이죠.
그래서 하기로 하고 상해로 들어가고, 먼저 중국 정부에서 인정받
으면 북한 정부도 오케이 된다 했어요. 그래서 갔는데 북한사람은
한 사람도 없어요. 상해에, 연결되는 사람도 한 사람도 없고 안 된
다 해서 북경 베이징으로 갔어요. 베이징 갔을 때는 중국공산당의
조선인들이 많아요. 감추고 있을 뿐이죠.

거기서 우리가 공연한다 해서 중국 허가를 받았고 연변 허가도 받
았어요. 연변에서 먼저 친구들하고 만나서 연결을 하자 했는데 취
소가 되어 버린 거에요. 그래서 베이징에서만 했는데 베이징도 거
기에 중앙학원이라 해서요. 여기는 유학생들이 다 여기 오지요.
중국의 톱 예술학교에요. 두 개밖에 없어요. 상해하고 베이징. 중

국 그런 큰 나라인데요. 어린 시절부터 잘 키워서 경극이나 곤극 등 아마 거기는 '북한 사람이 있을 거야.' 했는데 천안문사건 때문에 다 빠져 버리고, 또 북한에서 탈출, 탈북이 시작을 한 바람에 다 몽땅 없어졌어요. 그래도 제가 북경에서 몇 사람을 만났습니다. 장사를 하면 자유롭게 나갈 수 있는 것도 있습니다.

그런데 귀국자들은 이런 거죠. 북한 사람들하고 절대 결혼도 못하고 접촉도 못해요. 귀국자는 귀국자끼리 동맹을 만들고 그냥 일본 말로 대화를 해요. 왜 그렇게 하냐 하면 이 안에 간첩이 있다는 거에요.(웃음) 누가 간첩인지도 모르고, 북한 안에서 경계하고, 그러면 그 나라 가서도 그 나라 사람이 못 되는 거예요.

신용은 돈 주고 하면 자유롭게 하는데, 그 반은 나라에 내야하고 반은 자기가 가질 수 있다는 거에요. 그것도 돈 있는 사람들, 자본이 있는 사람만이 그러니까요. 그건 자본주의죠. 완전히. 원래 북한에 사회주의하고 평등이 어딨습니까? 일본보다 심해요. 그 장사하는 방법이.

한국도 내가 32세 때 그때까지는 국적이 조선이었어요. 그러니까 '천년의 고독'을 한국 공연을 하기 위해서 한국 국적으로 바꿨죠. 조선이란 말은 북한만 조선이라고 차별 받았으니까요. 원래 조선이란 말은 아름다운 아침이 밝혀지는 그런 건데, 나는 이것을 왜 더럽혔는지. 이것도 깨끗이 씻어야 한다. 그런 마음이 있었어요. 우리는 흰색, 도라지라는 뿌리를 가지고 흰색, 우리의 깨끗한 것인데, 왜 우리를 왜놈들이 더럽히는지 우린 씻어야 한다. 그런 건 지금도 우리 안에서는 통일보다 그것이 중요해요. 그 일본에서 '조센징 고로세(殺반)!', 조선인 죽여라는 것도 이런 말도 깨끗이 씻어야 한다.(웃음)

우리 세대의 민족교육을 시킬 때는 우리의 뿌리는 흰색이다. 이것

일본 신문에 소개된 김수진 감독

을 자랑하자. 조선을 되찾자, 한국은 우리의 나라가 아니다. 조선
이다.(웃음) 그 조선이라는 것이 북한이 아니고 그냥 삼팔선 없는
조선에 되돌아가는 것이 우리의 사명이다. 그 의식이죠.

그렇게 못하더라도 거기 안에서 희망, 그것은 어디까지나 우리
1세들의 꿈이었으니까. 그것을 실현 못하고 억울하게 이 나라에
서 살았죠. 근데 우리를 키워냈다는 것도 사실이니까.

이 조선학교가 없으면 나도 이렇게 우리말 못했고요. 이건 어떤
일이 있어도 부러지지 않는(웃음) 그 어떤 강한 교육. 민족교육
이렇게 했고. 조박 씨는 그 동네가 다 조선인들이니까. 조박 씨도
경상도 사람인데 부인이 제주도이고, 제주도 안에서 태어났으니
까요.

그래서 좀 되돌아가지요. 내가 소학교, 중학교, 학교에서 이상하

다. 교육이 이상하다. 점점 점점 심하게 되고 종파분쟁이라는 것
이 김병식(金炳植)[8]이라는 나쁜 놈이 중국의 문화대혁명과 똑같
이, 또 조총련도 사상교육을 심하게 했어요.

남녀 학생들은 우리학교에서 잠자면서 하루 종일 강습을 하는 것
이에요. 사상교육을, 자기비판도 하고, 그때 우리들은 열심히 하
는 사람이 없었습니다, 한 사람도. 그때 남녀가 같이 자니까 이상
한 일도 생기고 아무래도 고등학교이니까 사건도 많이 일어나고
(웃음) 뭐 다 만화 보고 뭐하고, 어떤 사람은 약을 하거나 하고.
조선학교가 좀 깡패 같은 부분도 있었어요. 왜? 싸움밖에 그 힘을
못 쓰니까. 우리가 이 나라에서는 그러니까 소년형무소 가는 사람
도 많아요. 돈도 없고 그래도 이 학교는 퇴학은 없어요. 그냥 들어
오니까요.

근데 거기엔 우정이랄까, 친구들을 절대로 버리지 말자는. 나쁜
짓을 하던 뭐하던 같이 지내온 친구들의 우정이랄까. 싸움은 있더
라도 우리 민족이 가지는 화해, 민족, 용서. 그러니까 지금도 우리
는 아주 강해요. 우리 교포끼리의 또 우리학교 출신자의 맺음, 마
피아처럼(웃음) 절대로 배신을 안하고, 어떨 때는 힘이 되지요. 그
런 게 밑바닥에서, 중국 사람이 다 그렇죠? 화교들이.

그러나 나는 절대로 조선대학은 안 간다 생각하고 참고 참아서 고
등학교 삼학년을 보냈죠. 그 학교는 공부 안 해도 좋아요. 선생님
들이 축구 좋아하니까. '선생님 오늘 수업 안 하고 축구합시다.'
하고요. 재미있는 학교예요.

또 7·4공동성명 나오고 했을 때 심하게 일본 놈들이 우리학교를

---

8) 1919~1999. 1960년대부터 1972년까지 한덕수 의장을 등에 업고 총련 부의장을 역
임하면서 김일성 신격화를 주도하며 재일동포들을 억압했다. 1972년 북한에 간
뒤 다시 일본에 돌아오지 않았다.

집단폭행하는 사건이 너무 많았어요. 어떨 때는 칼 맞고 병원 가야 하는데 경찰 놈들이 그냥 병원에 안 가고 파출소에서 치료하고, 너무 화가 나요. 어떤 때에는 야마테선(山手線) 10분간 멈추고 돌 던지고, 저쪽 신주쿠역에서는 다 무섭다고 하고. 데모나 그런 것을 우리가 계속 하는 거예요. 전차를 다 멈추고, 그런 식이었습니다.

그래서 나는 일본을 미워했고, '여기는 임시적인 나라고 통일된 쪽에 돌아가니까 준비하라.' 그렇게 교육을 받았습니다. 그 교육은 지금도 남아있는 것이고요. 그러다가 한국도 북한도 이렇게 지나다 보니까 내 제자리는 연극. 각자의 세계지만 여기에 진실을 담고 여기 살 수밖에 없다고 생각했습니다.

일본에 지금 내 아들 딸이 소학교 2학년생, 3학년생인데요. 늦게 결혼을 했고요. 근데 학교는 한 번만 가고 입학식 뭐, 그 후는 한 번도 안가요. 왜 일장기도 하고 일어서서 기미가요도 부르고, 거기 내가 왜 있어야 합니까? 그때 그 우리학교는 진짜 공부하는 학교가 아니고요. 북한의 좋은 점도 가르치는 거야 좋지만요. 너무나 한국의 좋은 점도 가르치지 않고, 어디까지나 아직도 미국의, 일본도 나쁘다는 그런 반일을 가르치죠. 뭐 애들도 다 알아요.

오늘도 나는 마음 있는 총련 사람과 이야기했어요. 어떻게 하면 북한을 떠나서(웃음) 같이 합시다 하는데, '떠나면 우리 다 짤라버린다. 다 없어진다.'고 해요. 아직은 좀 빠르다고, 빠르니까 우리가 더 준비해서, 어느 지점부터는 한국도 북한도 기대하지 말고, 평등으로 이야기할 수 있는 것이 되면 좋다는 것을 생각하고 있어요.

아주 중요한 시기에 들어섰고, 마음먹고 우리 2세, 3세들이 해야 한다는 거죠. 경제만이 아니고 문화가 무기가 된다. 그것을 김대

중 대통령도 말씀을 하셨고요.

원래 내가 도카이대학, 원래 조선학교부터 일본학교에 못 들어갔어요. 그때는 그러니까 4년제 야학, 야간학교에 편입했습니다. 일단 우리학교 끝나고 조선대학 가는 사람은 그냥 가고, 그때는 90퍼센트 다 갔어요. 바보도요.(웃음) 그냥 갔어요.

나는 좀 다르게 일본학교 야학에 들어갔어요. 전자공학을 배웠는데요, 앞으로 기술자로 되겠다고 꿈도 있었죠. 그때는 계산기가 4만 엔 했어요. 40만 원 했어요.

그러나 내가 조선 국적을 가지니까 어느 회사에도 못 들어갔어요. 4년 공부하고 어느 기업이나 연구소에 못 들어가면, 대학에서 배우는 기술은 기술이 아니니까요. 대학원 가도 희망이 없었죠. 내가 이대로 공부를 해도 기술자가 되어도 하층(웃음)이고 위로 갈 수 있는 데를 못 들어간다. 실망이 있었죠. 또 그런 정보도 없고요. 그러다가 김지하 선생에 대해 알게 되었어요.

내가 공수 2단이예요. 대학에서는 축구도 하고 스키도 하고 놀았죠. 공부도 했지만. 4년 졸업하고 나서 박경순이라는 유도가가 있는데, 북해도에서 넘버원이었어요. 아주 멋있는 유도가이고 건축가인 박경순 씨가 한청, 한국청년동맹에 있고 우리는 조청, 한학동에서 있었는데, 박경순 씨가 '김지하 선생이 하는 연극이 있다. 공연이다. 보러 와라.' 해서, 연극은 싫다, 여자 놀이지 하고 좀 차별을 했지요.(웃음) 그런데 무슨 일인지 가게 되었어요. 그때 김지하 선생의 작품 '진오귀굿'을 보고 왜 그런지 눈물이 났어요. 남자는 울면 안 된다 교육을 받았는데,(웃음) 나는 싸움만 하고, '강해야 한다. 일본 놈들한테 절대로 차별 받으면 안 된다.' 그런 긴장감을 가지고 살아 와서 그랬는지 모르지만.

신대수(申大樹) 씨도 엄마가 교포입니다. 이준기 좀 닮았죠?(웃음)

엄마가 쓰루하시(鶴橋), 코리아타운에 살고, 쓰루하시에서 왔어요. 원래 아빠 이름은 이토인데요. 일부러 엄마 이름을 써서 신이예요. 연극을 해서 진실하게 살고 싶다. 사생활은, 그냥 밥 먹고 돈 벌고 하는 것은 진짜 세계가 아니다. 나하고 같은 마음입니다. 박경순 씨 때문에 제가 이 길을 가게 되고, 김지하 선생님 작품을 다 읽었어요. 나는 전자공학이니까, 문학 같은 것은 하나도 책을 안 읽었어요. 주로 공수도나 축구 등 운동을 많이 했죠.

공수도에 대해

Q : 공수도를 얼마나 배우셨나요?

A : 내 일본 이름이 오야마 모리요시인데 오야마는 대산(大山)이죠. 대산은 우리 고향이고 최배달(崔倍達)⁹⁾ 선생도 대산이죠. 최배달 선생한테 직접 배웠습니다. 그 극진회(極眞會)가 이케부쿠로(池袋) 에 있었고 내가 이케부쿠로에 살았으니까 중학교 때부터 같이 했 어요. 극진회에서 같이 있었던 친구들이 다 북한에 가고요. 나쁜 짓도 많이 하고.

Q : 최배달 선생에 대한 기억도 있겠네요.

A : 억양이 조선사람,(웃음) 1세의 발음과 말투 그대로예요. 순수하게 일본말이 아니고.

Q : 최배달 선생 영화도 보셨어요?

A : 최배달 선생에 대한 영화도 책도 다 거짓말이니까.(웃음) 영화나 만화나 너무 확대해서 표현했죠. 나는 진실한 최배달 선생을 아니

---

⁹⁾ 1923~1994. 崔永宜. 김제 출생으로 16세 때 도일하여 23세 때부터 무도를 연마하 고 '극진가라테(極眞空手)'를 창시했다.

까요. 여름 되면 치바현에서 해안지대에 가서 합숙도 하고, 뿔 돌
려서 소를 잡은 것은 사실이에요. 내 앞에서는 10엔을 구부리고
요. 병을 손으로 탁 내리쳐서 주둥이 부분만 날리기도 하고요.

Q : 어떤 점이 사실과 다른가요?

A : 영웅이라기보단 장사꾼이에요. 우리 아버님도 이케부쿠로에 있었
고, 요짐보도 했고요. 원래 오주류를 배워서 그것을 확대시키고
극진회를 만들고 하는데, 연습을 얻어맞으면서 하니까 강하게 돼
요. 대회가 가까워지면 선배, 후배 관계가 심하니까 엄청 때리고
해서 극진회 옆에 뼈를 붙이는 접골원이 있었어요.(웃음) 우리는
중학교, 고등학교라서 그 정도까지는 안 당했지요. '일본의 영웅
이 되자', 가미카제 그런 것이 극진회에 걸려 있었는데 나는 그것
이 싫었지요. 아무도 오야마가 한국 사람이라는 걸 몰랐어요. 나
도 확실히 몰랐으니까.
역도산, 하리모토가 '선생님 저한테만 알려 주세요' 그랬지요. 역
도산도 한국 사람이라는 것이 알려지지 않았지요. 그러다가 딸을
위해서 북한에 돈을 보내고, 사실이 밝혀지면서 죽인 거지요. 일
본이 감추고 감추면서 차별하는 것이 얼마나 많은데요. 그것은 변
함이 없어요. 언젠가는 되돌아옵니다.

미소라 히바리 관련

Q : 다른 얘기지만 미소라 히바리가 한국 사람인 것이 공식적으로 밝
혀졌나요?

A : 공식적으로 밝혀진 건 없는데 미야코 하루미(都はるみ)[10]가 몇 번

---

[10] 1948~. 일본의 엔카 가수. 아버지는 재일한국인.

상담하러 갔어요. 미야코 하루미의 매니저가 같이 갔지요. 스스로 말하지는 않았어요. 왜 밝히지 않고 가셨는지, 밝혔어도 공격을 당했을 거예요.

역도산 제자로 김일 씨, 안토니오 이노키(アントニオ猪木).[11] 이노키는 북한에 가서 역도산 고향도 방문했는데, 일본에서는 그것을 무시해요. 천황이 백제 후손이라는 거를 얘기해도 언론에 안 나오고, 그런 걸 무시하고 단일민족이라고 하고. 아이누가 원래 있었고요.

후쿠시마도 그래요. 후쿠시마가 불행한 것은 마지막까지 후쿠시마가 막부에 충성을 다해서 그렇지요. 제일 심하게 학살을 당하고, 태평양전쟁에서도 가장 앞서서 죽게 하는 것은 후쿠시마 사람들이예요. 미국 군대의 흑인처럼 차별 받아요.

연극을 시작하다

Q : 다시 선생님 활동으로 돌아가지요.

A : 극단 민예라는 데가 김지하 선생님 작품을 하고 있었어요. 그래서 내가 다른 작품도 보기 시작했지요. 니나가와 유키오(蜷川幸雄)[12]라는 선생님 작품을 보고 아 일본 사람도 이렇게 대단하다는 것을 인정했지요. 니나가와가 젊은 사람과 함께 하자고 마침 모집을 해서, 그때 나는 직업도 없으니까 시험을 쳤는데, 시험에 떨어졌어요.(웃음) 왜 내가 떨어졌냐고, 건방지게 편지를 쓰고, 뭐가 틀린 거 아닌 가 해서, 그래서 들어갔어요. 들어갔는데 니나가와 선생님이 상업 연구에 빠져서 장사꾼이 되었어요. 스타들하고 장사를 해야 했으니까 그것도 재미없고.

---

11) 1943~. 일본의 기업인, 전 프로레슬링 선수.
12) 1935~. 일본의 연극연출가, 영화감독.

김지하 선생님처럼 해야 할 일이 있는데, 그때 니나가와가 제일 존경하는 가라 쥬로(唐十郎)[13]라는 사람, 그 부인이 이예선(李禮 仙)[14] 씨인데요. 그분들이 계엄령하에서 김지하 선생과 같이 지냈다는 것을 알고, 여기라면 내가 찾는 것이 있을까 해서 가라 선생님 곁에 들어갔어요. 가라 선생님하고 김지하 선생님 우정이 보통이 아니니까요.

그것을 배우면서도 가라 선생님 길도 좀 내 길이 아니다 생각했어요. 황석영 선생님이 오셨을 때 내가 마당굿을 했습니다. 황석영 선생님 모시고 통일굿을 하고, 그때 조박하고도 만났어요. 오사카에서 하려 하다가 못하고 도쿄에서 했습니다. 조박 씨는 너무 화가 났지만 그래도 우리를 도와 줬고. 그때 김구미자(金久美子) 씨 등 재일교포가 많이 모였어요.

또 광주문제가 있었어요. 광주사태가 너무 아파서, 4·19처럼 민족끼리 절대 죽여서는 안 된다고 생각했는데 너무 충격이었죠. 그래서 신주쿠 양산박 이전에 마당기획이라는 데에서 '젤소미나'라는 작품을 만들었습니다. 펠리니의 '길'이라는 작품에서 나온 것이지요.

지금은 정유신이가 하는 '마음의 전차'를 하지요. 지금도 똑같은 거 하고 있어요. 아빠가 대신 눈봉사가 되는 이야기인데요, 아들이 떨어져 죽어버리지만. 그런 내용인데 그래도 희망은 저쪽에 있다는 것이죠. 조선대학 교수도 참가했고요. 여기 참가하면 한국에 유학하기 어렵게 된다 해서 안기부가 움직이고 대사관이 움직이고요. 나도 그때 조선 국적이었으니까 국적을 바꾸라는 움직임이

---

13) 1940~. 일본의 극작가, 작가, 연출가, 배우.
14) 1942~. 李麗仙이라고도 한다. 재일동포 3세 배우이며 드라마, 무대, 영화 등에서 폭넓게 활약하고 있다.

심하게 있었어요. 이상하니까 나는 더 적극적으로 반발했지요.(웃음)

Q : 국적을 89년에 바꾸셨습니까?

A : 예. 내가 54년생이니까 35세이지요. 올 8월 달에 환갑이 되고요. (웃음) 지금 양산박이 있습니다. 수호지에 있는 것처럼 극단이 아니고 장소 이름이고, 용감하다, 훌륭하다고 느낀 사람들이 모이지요. '마당판'이 이름이고요.

신주쿠에 오늘도 갔다 왔는데, 이세탄(伊勢丹)백화점 바로 뒤에 하나조노(花園)신사라는 천년 이어진 공터가 있습니다. 거기다 천막을 세우고 공연에 올리는 것이 내 사명이고, 가라주로 선생을 이어나가는 것이지요. 하나의 가부키입니다. 현대의 가부키이고 하층의 거지부터 시작한 것이지요. 지금 가부키는 나라가 보호하는 그냥 가부키이고 진짜 가부키는 남사당처럼, 하층에서 안티테제를 가지고, 반대의견을 가지고 절대로 복종 안하겠다는 의지를 가지고 하는 거죠. 하나조노에서 하고 또 신주쿠 양산박이 그렇지요.

그리고 종로양산박을 만들 예정입니다. 종로가 독립군의 시작이고 중심거리이고, 올해 만들 예정이고요. 대표를 김응수 씨가 하지요. 원래 연극을 했고 탤런트인데 악역으로 유명하지요. 오태석 선생 제자이고요. 지금은 '해를 품은 달'에서 악역으로 나오지요. 여기서 7년간 영화학교에서 공부했고요, 일본 영화에도 많이 나갔어요. 한일 간에 활약을 하고 있고 앞으로도 할 사람이지요. '인어전설'로 한국에 갔을 때도 같이 연습해서 한강에 갔는데, 오태석 선생님이 '너는 왜 여기 나왔나? 일본 그대로 해야 하는데.' 하셨지요.

지금은 재일교포를 다룬 작품, 일본의 좋은 작품을 한국에 소개드리고 한국의 좋은 작품을 일본에 소개하는 것, 노경식(盧炅植)[15] 선생님의 '달집' 이것은 6·25 전쟁 때 전라도 할머니 이야기인데요. 진지하게, 리얼리즘이니까요. 이예선 씨가 할머니 역할을 맡아서 하고 앞으로 저는 이것을 명동예술극장에서나 한국 배우들하고 같이 하고 싶어요.

이번에 '바람의 동료들'도 먼저 한국 배우들하고 만들었어요. 한국 배우들이 이해를 하는 것이 시작이지요. 공부하면서, 비디오 보면서, 우리학교가 왜 생겼는지, 지금의 우리학교가 어떤 것인지… 우리는 빨갱이 아닙니다.(웃음) 민족주의지요.

Q : 공연은 서울, 부산에서 주로 하셨습니까?

A : 꼭 그런 것은 아닙니다. '바람의 동료들' 공연 때는 순회공연을 했는데 마지막에서는 속초에서 끝냈고. 대구도 부산, 밀양, 아산 등 특히 전주는 박병도 전주대 교수님이 너무 우리를 아껴주십니다. 2005년도의 순회공연은 하나의 큰 사건이었지요.

Q : 저희가 실례가 안 된다면 선생님의 연극공연을 순천이나 여수로 초청하고 싶습니다.

A : 초청해주시면 영광인데요. 문화청에서 항공비 등을 지원받고요, 비용은 연극 방식이나 배우 수에 따라 다릅니다. 저희도 지방 공연에서 배우는 것이 많습니다. 사람들의 의견이 하나의 거울이 되니까요.

---

15) 1938~. 남원 태생. 희곡 작가. '철새', '하늘만큼 먼 나라', '달집', '소작지' 등을 발표했다.

공연 연습을 하는 양산박 식구들

양산박의 운영

Q : 양산박은 지금 어떻게 운영되고 있습니까?

A : 일본에서는 지원금이 잘 되고 있고요. 작년에는 지원금을 합쳐서
3천만 엔이었고요. 올해는 많이 줄었어요. 어떻게 할지 고민이 있
는데 표 팔기, 동원 등인데 우리 단원은 먹고 살기 어려우니까 텔
레비전이나 영화에 출연하고. 그래도 어디까지나 지금 텔레비전
이나 재미있는 것이 없으니까요.

저는 영화감독도 해요. 10년 만에 영화를 찍었는데 영화감독협회
신인감독상 받았습니다.(웃음) '밤을 걸고' 2부작인데 아직 반이
남아 있어요. 그때는 아파치족이라 해서 밤에 고철 훔쳐서 생활하
고 그랬는데, 그 내용입니다. 아버지, 어머니, 또 양과 음의 모습
이 나타나고요. 오무라수용소는 동양의 아우슈비츠라는 곳인데,
해방 되어서 한국 갔다 돌아오면 불법입국자라 해서 죄도 없는 사

람을 가두지요. 그러면 한국에 보내거나 귀화해서 나올 수밖에 없
어요. 해방되었는데, 또 귀화라는 것이 다시 일장기 모시고 천황
모시고, 맹세를 해야 합니다. 그런 것도 나오지요. 그럼 이승만 자
유가 없는데 누가 돌아갑니까? 그리고는 '지상낙원은 북한에 있다'
고 맥아더하고 요시다 씨가 그래서, 다들 속았지요. 잘 모르니까
그리고 정보가 없어서. 일본에 한국, 조선인들은 반일감정을 갖고
있으니까 있으면 혁명이나 폭동이나 일으기니 다 없애자는 정책
이었지요. 재일교포가 빨갱이가 되었어요.

그러다가 오무라수용소에서 나가다가 만경봉호가 그 당시 소련
배였죠. 니가타에서 나가는 사람이 불어나 10만 명, 그 안에서 죄
도 없는 사람이 또 가족끼리 갈라지지요. 갈라져서 또 38선 남북
으로 갈라져요. 일본 놈들이 그렇게 했어요. 오무라수용소에 관한
영화도 찍을 예정입니다. 일본에서 역사적으로 없어진 것을 내가
영화로 해서 절대로 잊지 말자고 남겨야 합니다.

Q : 재일교포가 단원 중에서 어느 정도 있습니까?
A : 지금도 그 당시도 우연하게도 5명 정도입니다.

Q : 한국말을 배워서 공연을 하지 않았습니까? 또 배우들이 역사에 대
해 공부를 하나요?
A : 도래인(渡來人)들이라든가 문화와 고대사 공부도 하지요. 양산박
에 소속된 오자와 씨는 원래 프로듀서였는데 이런 방면을 제일 잘
알아요. 겐페이(源平) 전쟁이라든가 하는 것은 대륙의 대리전쟁이
지요. 그것을 논파할 수 있고요. 신라계, 백제계 천황도 있고, 이
것은 사카구치 안고(坂口安吾)[16]의 책에도 나와 있어요.
양산박에서 적극적으로 글을 쓰는 일본의 작가 고바야시 교지(小

林恭二)[17]의 부인이 한국인이예요. 고바야시도 자기는 도래인이라고 자기 고향에 가고 싶다고 하지요. 우리 양산박에 모이는 사람은 일본 사람이라기보다 재일일본인이라고 해요. 일본 사람의 70, 80%는 대륙에서 건너 온 것이 사실이고. 귀화해서 일본 국적을 가지면 일본 사람이라고 하는 것도 이상하고, 귀화해도 마음은 우리 사람을 찾고 그러는데. 신대수도 양산박 단원 젠바라도 그런 사람들도 있으니까 진실을 찾기 위해 노력하죠.

우리는 공연을 통해서 이런 역사에 대해서 공부하고 있어요. 특히 김옥균 이야기는 여기서 계속 찾고 있는데요. 오태석 선생님의 '도라지'도 그렇죠. 김옥균은 어디서는 매국노고 어디서는 영웅이예요. 자리에 따라서. 북한에서는 영웅이고. 친일파로 보기도 하고.

오가사와라(小笠原)라는 섬에서 우리가 보니까 도민들은 다 우리말을 했다고 해요. 3년간 귀향했다는데 와다 노부지로(和田延次郞)라는 사람이 '아버지, 아버지' 그랬고 마지막까지 김옥균을 따라다녔어요. 마지막에 김옥균이 살해당해서, 민비에게 암살되어 몸은 다 흩어지고 목만 서울에 갔는데 그 목을 가져 와서 제사지낸 것이 와다 노부지로지요. 아오야마묘지(青山墓地)[18]에 지금도 전달되고 있고. 백 년이 지났는데 지금도 꽃다발이 놓여 있어요. 나는 거의 우리말로 공연해 왔고 우리 배우들도 가끔씩은 한국말로 공연하기도 했습니다. 앞으로도 공연을 통해 꾸준히 공부해 나갈 것 입니다.

---

16) 1906~1955. 일본의 소설가, 수필가.

17) 1957~. 일본의 소설가. 도쿄대 문학부 졸업. 1985년 『小說傳』으로 아쿠타가와상(芥川賞)을 수상했다.

18) 도쿄에 있는 도립(都立) 영원(靈園).

구술을 마치고 김수진 감독과 함께

재일 문화를 이끄는 노래꾼

- 이름 : 조박
- 구술일자 : 2013년 2월 22일
- 구술장소 : 오사카 다마쓰쿠리역 근방 개인 사무실/연습장
- 구술시간 : 2시간 5분
- 구술면담자 : 동선희, 정희선, 김인덕
- 촬영 및 녹음 : 성주현(촬영)

■ 조박(趙博)

가수이자 인권활동가인 조박 선생은 1956년 재일 2세로 피차별부락에서 태어났다. 생후 2주 만에 오른쪽 눈을 실명했다. 1975년 고베시외국어대학에 입학하여 학생운동에 참가하고, 1980년 간사이대학원에 입학하여 역사와 교육학을 공부, 1983년 석사 학위를 받았다. 이후 대학과 학원에서 강사를 역임하며 음악활동을 시작했다. 1992년 록밴드인 가네트 레이지(Garhet Rage)의 리더로 데뷔하고, 1999년 CD 앨범 '소리마당'으로 솔로 데뷔했으며, 이후 라이브&토크, TV/라디오 출연, 연극 제작과 출연 등으로 활동 범위를 넓혀 왔다. 반핵평화운동, 원코리아 운동, 소외되고 억압된 이웃의 목소리를 대변하는 자리에는 항상 참여하며 노래 만들기와 공연을 계속하고 있다. 재일동포 100년의 역사를 그린 음악극 '백년 바람의 동료들'의 각본을 썼다. 그 밖에도 재일코리안사와 재일코리안의 문화에 관한 몇 편의 논문을 집필하였으며, 『在日朝鮮人民族教育擁護鬪爭資料集』(1988) 등을 저술하였다.

■ 인터뷰에 관해

재일뿐만 아니라 일본 사회의 억눌린 사람 편에 서서 활발한 공연과 실천 활동을 전개하고 있는 조박 선생과의 인터뷰는 그의 개인사무실에서 두 차례에 걸쳐 진행되었다. 공연 준비와 연습, 자료 정리 등을 이곳에서 하는 것으로 보였다. 인터뷰는 개인사, 활동, 문화·사회·역사에 대한 관점까지 전방위적으로 진지하게 이루어졌다. 인터뷰 이후 '백년 바람의 동료들'의 공연차 한국에 왔고, 재일코리안연구소가 일본에서 학술세미나를 열었을 때 2부 노래 공연에 출연했다.

■ 구술 내용

한국에서 공연하는 음악극 '백년 바람의 동료들'

Q : 한국에서 이번에 하실 공연에 관해 말씀해 주십시오.

A : 3월 9일부터 16일까지 하고요, 제목은 '백년 바람의 동료들'이고 두산아트센터에서 합니다.

2년 전에 한국 배우들과 같이 우리말로 공연했는데 작년 여름에는 일본배우들과 같이 일본말로 했죠. 이번에도 역시 자막을 넣고 일본어로 합니다. 뮤지컬은 아니고 노래가 많이 나오는 음악극입니다. 이카이노(猪飼野)를 배경으로 거기 사는 사람들이 주점 '바람따라 사람따라' 가게에 모여 가게의 20주년을 기념했는데 그날이 바로 한일조약 100년이었지요. 싸움도 하고 중간 중간에 노래를 하고… 마지막으로 백년절(百年節)을 완성했다하고 노래를 같이 부르지요.

사람들의 이야기 배경이 다 재일교포사회에 관한 역사예요.

어린 시절과 학창 시절

Q : 저희의 이번년도 주제가 재일코리안의 생활과 문화거든요. 그러니까 선생님이 직접 경험하신 것도 괜찮고 아니면 다른 재일코리안들이 지금까지 살아오신 생활이나 문화적인 여러 활동 등에 관해 여러 말씀을 들었으면 합니다.

먼저 어릴 때 이야기를 해주시겠습니까?

A : 1956년생이니까 그때는 국적상으로는 조선이었죠. 해방 후에, 일본 패전 후에는 (재일조선인이) 일본 국적을 갖고 있다는 그런 뭐랄까 아직 그 결정을 안 했었어요. 근데 1952년에 일본은 미군 점령이 끝나고 소위 독립했는데, 그 당시 식민지 출신자는 일본 국

조박 선생과 김수진 감독이 함께 공연한 백년 바람의 동료들

적을 잃었다, 자동적으로. 그래서 대부분은 아시다시피 조선이었
죠. 그러나 조선은 국적이 아니고 외국인 등록상의 즉 기호. 그래
서 한일조약 후에 한국 국적이 생겼어요.

한국 국적은 우리가 원하는 것도 아니고, 대부분 반대했지. 우리
재일교포 조선인들의 대부분은 조선민주주의인민공화국을 지지
했죠. 그건 사실이니까.

그러니까 '나는 한국 사람이다'라는 것은 자기가 한국 사람임을 전
제조건으로 생각할 수가 없습니다. 우리 친구들 중에 한국 사람으
로서 자랑을 갖고 있다, 민족적으로 자부심을 갖고 있다, 그런 사
람들이 많은데 난 없어. 국가는 국가고 민족성은 국가와 다르다,
그렇게 난 젊었을 때부터 생각해왔죠. 그러니까 김일성체제에 대
해서도 반발했어. 그것이 우리 민족의 전통적인 정당성이 있는 정
권이 아니고 한국도 정당한 국가가 아니라는 의미에서 많이 고민
했죠.

그러니까 한국 사람인가, 조선 사람인가, 일본 사람인가, 그런 고
민보다 자기가 어디서, 어떤 입장에서 보느냐 그런 시점(視點)이
라 할까, 관점이라 할까, 그걸 찾기 위해서 여러 가지 공부도 했
고. 맑스주의도 물론.

70년대 중반. 그 당시는 박정희 군사정권이었으니까 우리는 반대
하고 특히 재일한국인 정치범 선배들이 조국을 찾아갔는데 잡혀
서 간첩이다, 그런 사건, 특히 오사카 출신들이 많이 있었어요.

자기가 누군지, 소학교에 다니게 되가지고 '아! 자기가 조선 사람
이다'라는 그렇게 인식을, 인식이 아마 그때부터 시작했을 거예요.
우리 가족은 외할머니의 어머니인 증조할머니도 계셨고 여계대가
족이었어요. 그러니까 정월이면 한 오십 명 이상 모여가지고, 누
가 누군지 모를 정도로. 우리 어머니 삼촌 다 형제자매가 있습니

다. 아버지 쪽에서는 별로 없었어요. 큰아버지의 가족이 교토에 있었고, 그 정도. 어머니의 친척들 중심이었으니까 모계가족이지요. 외할머니의 언니하고 동생하고 세 명 있었어요. 다 여성, 여자.

돈이 없었고, 또 역시 한국 사람임을, 조선 사람임을 싫어했었어요. 알게 되면 고초를 당하니까 이름도 일본 이름이였죠.

자기가 왜 한국 사람임을 싫어하는지 그기 모르고 배울 기회도 없었고, 그래서 고등학교 때에는 일본 사람이 되는 그 귀화라는 제도가 있다는 걸 알게 되어가지고, 그러면 귀화하자고 결심했어요. 아버지의 친척, 사촌 되는 사람인가, 귀화했다고 그러면은 우리도 하겠다고, 근데 법무부에 갔는데 안 되었어. 해방 직후에 야미라고, 비밀적으로 암거래, 아버지가 그걸 했다가 그게 전과가 되어 있었어. 그런 사람은 귀화가 안돼. 그래서 난 미워했지.(웃음) 이 집이 있는 한 난 미래가 없다고, 그래서 대학에 가고 싶다는 그런 마음이 없었지만은 시험에 합격해서 대학생이 되었으니까 집을 떠났죠.

하숙생활을 하면서 아, 그때 학비가 아주 싸서 장학금을 받고 아르바이트를 하면 부모님의 도움이 없어도 다닐 수 있었어요. 1년에 학비가 만 오천 엔, 한 달에 천 엔 정도. 지금이면 완전히 갈 수가 없죠. 한 달에 사만 엔 있으면 생활할 수 있었어요.

자기가 귀화하자고 그랬는데, 여러 가지 공부를 한 후에 아 역시 민족성을 잃은 부끄러운 존재였다. 우리말도 하고 주체성을 가져야겠다고 느꼈어요.

3학년 끝나고, 동포 학생들하고 만나기 위해 조총련은 안 된다는 걸 알면서 일부러 조총련 학생회 조직에 들어갔어요. 왜냐하면 민단조직으로 갈 수 없고. 그때 한국학생동맹이라고 반민단파가 있었는데, 그 친구들하고 몇 번 만났는데, 뭐랄까 부자 부르조아 쪽의… 생각하면 그 당시 사립대학에 갈 수 있다면 부자들이었죠. 조총련 유학생동맹이라고, 자기들은 일본에서 태어나고 일본에서 살고 있는데 본래 조선민주주의인민공화국의 국민이다. 그러니까 유학으로 왔다는 식으로…

Q : 유학생동맹이 지금도 있지요?

A : 지금도 있기는 있죠. 거기에 참가해 자기가 조선 사람임을 부끄럽게 생각하고 있었던 거를 반성하고, 열심히 공부했고, 활동했고, 근데 주체사상 어쩌고저쩌고 말도 안 됐어요. 비판사업이라고 모여서 동무는 그런 점에서 안 된다, 하나 개선해야 한다. 나는 돈이 없어서 항상 지판(청바지)으로 다녔잖아. "너는 미국제국주의자다!"라는 비판이야(웃음).

구술에 앞서 환담하는 모습

그 정도의 정신주의, 자기들이 정신혁명 하겠다! 이상한 시간이었죠. 그때 어쩌고저쩌고 했던 '지도자'놈들이 지금 뭐하고 있을까.

Q : 근데 조선말을 집안에서는 쓰셨을 거 같은데요. 유학생동맹에서는 조선학생들하고 어울릴 때는 어느 정도 하셨나요?

A : 저요? 아 뭐 아야어여부터 배웠어요.

Q : 그때 그렇게 하신 거예요?

A : 집에서는 간단한 뭐 숟가락이라든가 안녕하세요 라든가 그런 말은 알고 있었죠. 부모님이, 아버지 어머니가 우리말을 했지요. 싸움할 때나 아들에게 들리지 않도록 그런 이야기 때나 비밀적인 이야기 때만. 그러니까 인상이 좋지 않아요.

Q : 근데 그런 자각을 하시고서 공부를 하셨어요?

A : 예, 학생시절에만 열심히 했지. 대학원에 들어갔어요. 80년에 광주사태 이후에 한국에서 온 유학생들과 만나게 되어 그중에 어떤 선배가 한국말교실을 시작하시고 거기서도 많이 배웠어요.

노래에 관해

Q : 선생님은 지금 노래로 많이 알려지셨잖아요. 어릴 때부터 노래를 좋아하시고요?

A : 어머니가 노래를 좋아하시고 그 영향이 있었겠지요. 외할머니들도 때때로 가야금 치면서요. 가난한 생활 속에서도 음악이 있었어요.

Q : 한국에서 70년대에는 포크송이라든가 약간 좀 저항적인 노래들이

있었고 80년대 들어가면 대학가에서 운동권 노래들이 많이 나왔
는데요. 그런 것을 접하셨을 때 어떤 느낌이셨는지요?

A : 소위 민중문화운동의 자료를, 그 당시 당당하게 볼 수가 없어서
비밀적으로 악보나 책들을 소개해 준 기독교 관계 분이 있어요.
지금도 난 갖고 있는데 '젊은 예수'라는 노래집.

Q : 예 맞아요. 김민기 씨의 '젊은 예수'.

A : 우리 연극에도 나와요. 70년대 김대중, 김지하 구출운동 그것도
우리 세대는 잊을 수가 없습니다. 노래를 많이 불렀죠. 일본에서
도 60년대에 젊은이들이 자기 노래 만들자고 전쟁반대, 인권옹호
그런 프로테스탄트성이 많이 생겼으니까, 그 영향도 있었고. 그래
서 박정희 정권 때에 탄압당한 노래를 우리도 부르자고. 김민기
씨 노래 많이 불렀거든요.
광주 이후에 정태춘, 박은옥 선배들을 알게 돼 가지고 지금도 친
합니다. 윤도현이가 그렇게 스타가 될 줄 아 예상도 못했어요.(웃
음) 주고 받고 해 왔던 그 경험이 지금도 귀중합니다.

Q : 그런데 유학동에서도 자기들의 노래 같은 것들이 있지 않겠습니
까? 한국에서 제일 많이 알려지고 사람들이 좋아하는 것으로 영화
'박치기'에 나오는 '임진강'이 있어요. 특히 그 노래가 알려졌다고
생각하는데 혹시 그쪽이나 북한의 노래나 문화에 대해서.

A : 기억에 있는 북한노래는 '내 나라'. 산 좋고 물 맑은 아름다운 내
나라(노래)… 수령님(웃음). 언제나 수령님 나와요 그러죠.

Q : 한국에는 또 '휘파람'이 제일 많이 알려졌었어요. 경쾌한 리듬감,
이래가지고. 근데 유학동 학생들도 그런 노래를 불렀나요?

A : 합창만 했죠. 언제나 합창.

Q : 합창이요?
A : 개인적으로 포크송 같은 것은 안 했어요.

Q : 포크송 같은 그런 문화는 거기에 없었다란 말씀이시죠?
A : 근데 어떤 동료가 '이런 노래 알아요?' 그래가지고 아침이슬을 소
    개해 주었죠. 남조선의 민중들의 노래다. 우리도 그걸 불러야겠
    다. 근데 지도자들은 안 된다고.(웃음) 그것보다 김일성 만세 노래
    를 해야지.(웃음)
    물론 주체사상은 문제가 있었지만은 확실히 조총련 조직은 학교
    도 많이 갖고 있고, 지금은 좀 적어졌지만은, 그때는 우리학교, 조
    선학교 다니는 학생이 많이 있었고. 비판과 불만도. 그런데 힘이
    참 세고 강했죠. 힘이 있었어요, 진짜. 그러니까 통일되면 그런 것
    도 다 해결될 수 있다.(웃음) 그렇게 생각을 하고 김일성 장군의
    노래도 인정했다. 근데 요새는 안 부른다고요.

Q : 아 그래요? 한국에서는 80년대에 한때 인터내셔널가를 많이 불렀
    어요. 그런데 그 이후와 이전에는 그 노래를 별로 많이 안 부른
    것 같은데. 그에 비해 일본의 노동운동가들은 자주 그 노랠 하는
    것 같던데요?
A : 우리는 학생 운동 속에서 많이 불렀죠. 인터내셔널하고 '국제학생
    연맹의 노래.'
    이건 본래 러시아어, 그것도 많이 불렀죠. 그리고 '바르샤바 노동
    가'도. 데모할 때마다 불렀고.

Q : 조금 퇴조했을 때 아닌가요? 70년대 중반 넘어서면 일본에서 학생
　　운동이?

A : 예. 떨어지고 60년대가 최고였죠. 70년 안보조약투쟁에 이길 수가
　　없었고. 그래서 또 '연합적군사건' 때문에 학생운동에 대한 인상이
　　결정적으로 하락했어요. 운동하는 게 무섭다고.
　　학생운동 하는 놈들은 나쁜 놈이다, 동지를 죽여 버렸잖아. 보다
　　좋은 사회 만들기 그거 아니라 자기들의 이익만 당파의 이익만 쫓
　　아가고 있다고.

공연활동

Q : 선생님이 지금도 많은 콘서트 활동과 문화활동도 하시는데요. 주
　　로 평화운동. 전쟁을 반대하시고 어떤 그러한 궁핍한 생활에 대해
　　서 폭로하고, 일본사회와 정책에 대한 비판이겠지요? 동포들의 문
　　제에 더 관심을 갖고 그런 것에 주안을 두시는 것인지, 아니면 일
　　본사회 전반에 대해, 전쟁반대처럼 그런 사회 전반의 측면을 더
　　중시하시는지요?

A : 동포들을 위해서 무언가 하자는, 그럴 때도 있어요. 관객들이 할
　　머니, 할아버지 그럴 때는 민요도 하고요.
　　그런데 지금 동포들을 위해서 뭔가 하는 입장이 아니고, 구별하고
　　있지는 않아요.

Q : 요즘 하시는 공연에는 일본 관객들이 많이 있습니까?

A : 물론. 동포들도 오고요.

Q : 근데 우리말로 노래를 하실 때도 있나요?

A : 물론 우리 팬들이 '서울에서 평양까지' 그 노래가 좋다고.(웃음) 한

국말로 하고, 한국노래를 일본말로 번역을 해서 할 때도 있고. '임진강'은 우리가 쭉 해 와서 다 아는 신기한 노래예요. 그 만큼 공감력이 있었다는 거죠. 음반이 없어도 이 노래를 알죠.

내 노래도 한국말로 하는데 '오사카 간죠센(環状線)'이 나의 대표 곡이에요.

Q : 작사 작곡 다 하셨죠?

A : 네네. 일본말과 한국말로.

백년절과 100년의 의미

Q : 백년절, 아까 100년 설명을 하셨는데 그 100년이 가지는 의미에 대해서 더 설명을 해주셨으면 좋겠습니다.

A : 아직 우리에게는 해방이 오지 않았다.(웃음) 물론 국적은 한국이

연습장의 내부 모습

조박 선생의 연습장 명패

고 일본 사람이 아니지만은, 한국 사람이라고 해서 식민지시대처럼 그런 가난한 조건이 아니지만은, 100년 지나도 우리는 타향살이다, 가사에 나오는 거처럼 타향살이를 계속 하고 있고, 근본적으로는 아무것도 해결 안 하고 있죠.

국적문제도 그렇고 교육, 인권, 생존권 등 우리들에겐 구체적인 법률도 없고 법적인 제도도 없고, 아무것도 없어요.(웃음) 일본정부는 여기 있는 한 물론 여기 있어도 괜찮으니까 세금 내라, 그런데 투표권은 없다, 그리고 일본에서 태어나면 일본 국적, 그런 원칙이 없다. 일본이란 나라가 진짜 인권이나 권리에 대해서 폐쇄적이다 라는 증거예요.

소위 자이니치가 한 사람도 없어지기를 일본정부는 기다리고 있는 거 아닙니까?

자이니치 문제뿐만 아니라 한센병문제도 그렇고, 공해병문제도 그렇고. 이 나라에서 피해자에게 국가가 사과하고 피해자의 인권을 인정했단 예가 없죠. 아이누도 오키나와도. 자이니치뿐만 아니라 앞으로 또 낳게 될 문제, 지금까지 우리가 노력해온 것을 다…
아마 무서운 시대가(웃음) 시작을 했다는 그런 실감이 있어요.

재일코리안의 문화적 활동

Q : 여러 분야에서 이렇게 그 재일코리안들이 해 왔던 문화적인 활동
들이 있을 텐데요. 선생님의 분야도 있고 다른 분야도 있고 혹시
관심 있으신 분야에 대해 설명을 해주시면 어떨까요. 가령 김시종
선생님은 일본어로 시를 쓰셨는데 그냥 일본사람이 쓰는 일본어
가 아니라 자신의 체험과 이런 것들을 쓰시면서 여기서 살아 오셨
단 거죠. 그러한 재일동포들의 문화적인 활동이 지금까지 수십 년
간 있어왔는데 그런 것들에 대해서 혹시 어떤 생각을 갖고 계시는
지요?

A : 대부분이, 아마 북이든 남이든 그의 카피죠. 그걸 일본에서도 하
자. 한마디로 하면…

Q : 아 그러니까 고국에 있는 것을 그렇게 하려고 했었죠?

A : 그렇죠. 특히 조총련 쪽에서요. 민단 쪽에서는 안전한(웃음) 문화,
있어도 없어도 관계없는 자기들의 인생이나 삶에 관계없는, 아무
런 말해보자면 소위 궁중무용 같은 것. 그걸 왜 우리가 해야 하나.
물론 하고 싶은 사람들 한국에서 하세요. 나는 관계없으니까. 자
기들은 한국 사람이다. 그 증거일 뿐이지.
북이든 남이든 우리나라에서 민중적인, 전통적인 문화를 만들어
온 그런 성과에 대해서는 물론 존경하고 배우고 싶죠. 자기들은
자기들의 표현이죠. 자기의 노래, 자기의 몸짓, 자기의 연극 무대
표현, 그거 없이 뭐해도 안 되요.
일본 사람들도 뭐 브로드웨이가 최고라고 하잖아. 그러면 차라리

미국 사람 되면 되잖아요. 자꾸 나온 말인데 조선은 아버지, 일본
은 어머니, 그러니까 나는 양쪽을 보고 다리가 되는 사람이다. 그
것도 웃기는 이야기죠. 어떻게 할 수 있어 그런 걸. 고국이 조선이
아버지고, 그리고 일본이 어머니 그것도 안 싸우면 되는 거죠.
슬퍼하고 불행한 존잰데, 아 이렇게 보면 우리는 행복하다. 이게
종교야 종교. 그런 노선이 일본에서 제일 인기가 있어요, 지금. 일
본사람들이 제일 원하는 조선인은 모순 속에 고민하는 자예요.
비교적으로 말하자면 옛날에는 조선이다, 한국이다 하면은 아 싫
다 의미가 없다 그렇게 부정했는데, 지금은 일본사람들이 원하는
조선 사람이면 괜찮다라는 거죠. 작가가 되었다, 교수가 되었다,
가수가 되었다 유명하게 되었다, 출세했다 그런 사람들의 문화가
해방의 문화가 절대 될 수 없죠.

Q : 재일코리안 문학에서 가령 양석일(梁石一)¹⁾ 씨 같은 분들은 어느
   정도 알려지셨는데, 정말 재일이 처한 현실에 대해서 정말 잘 묘
   사하고 있고, 이 현실에 대해서 단순히 일본인들한테 영합하는 것
   이 아니고 정말 재일의 모습을 잘 드러내고 있다고 공감을 하신
   그런 부분이 있다면 노래든 소설이든 영화든 말씀을 해주시겠습
   니까?
A : 영화는 역시 '박치기'가 최고죠. 대중성이 있고 내용도 정확하고
   좋고.
   '큐포라가 있는 거리(キューポラのある街)'²⁾는 북한 귀국운동을

---

¹⁾ 1936~. 재일 2세 소설가. 『밤을 걸고』, 『피와 뼈』 등이 대표작이다.
²⁾ 1962년에 공개된 일본 영화로 가와구치시(川口市)를 무대로 한 청춘드라마. 큐폴
   라(cupola)가 있는 거리라는 뜻. 큐폴라는 주물공장에서 무쇠를 녹이는 가마를 말
   한다.

제목으로 하는 영화가 아니지만, 당시의 배경을 잘 그렸죠, 아마.
문학은 김시종(金時鐘)3) 선생님의 시하고 김석범(金石範)4) 선생
님 소설. 양석일 씨도 그런 흐름 속에서 있죠.
자기는 자기 쓰고 싶은 대로 쓰겠다. 그런 사람들의 대표가 유미
리, 유미리는 자이니치라는 것을 어디까지나 재료에요. 자기 문학
세계의 재료일 뿐이지요.
앞으로는 재일 문학이라고 자이니치 문학이라고 하는데 작가가
나올까?

A : 예. 아라이5) 씨는 일본이지만 '청하로 가는 길'은 대단한 노래예
요. 그리고 일본이름으로 활약하고 있는 가수는 많이 있어요. 기
무라 아쓰키(木村充揮)6)는 오사카에서는 다 알고, 물론 자기도 한
국 사람이다 하면서, 근데 이름은 기무라 아쓰키.
미소라 히바리(美空ひばり)의 아버지가 조선 사람이예요. 미소라
히바리도 자기가 조선 사람이라고 좀 인식을 해가지고 불렀던 '잡
초의 노래'가 있어요. 그렇게 미소라 히바리 노래에 고민이 있다
고, 그렇게 듣는 사람들이 일본 사람 중에 거의 없죠. 근데 우리는
알아요.
미소라 히바리까지 포함해서 자이니치 문화라고 하는 사람도 없
지만, 난 그렇게 생각하고 있어요.
미야코 하루미(都はるみ)7)는 진짜 자기가 자이니치라고 선언하고

---

3) 1929~. 재일 시인. 『이카이노시집(猪飼野詩集)』 등으로 재일의 생활을 묘사했고,
   4·3사건 등 한국근현대사를 다룬 시를 썼다.
4) 1925~. 제주도 4·3사건을 소재로 한 『화산도(火山島)』 등이 대표작이다.
5) 아라이 에이치. 1995년 일본에서 레코드대상을 받은 가수.
6) 일본의 블루스 밴드 '유카단'의 리드보컬.
7) 1948년 교토 출생. 엔카 가수.

있고. 그러니까 난 진짜 농담 반 진담 반으로 이 가수는 안 돼. 일본사람이니까 엔카 못 불러라고 해요. 진짜 그래요. 아마 일본사람들은 그런 사실도 모르고 일본인의 마음의 고향이라고, 아 행복한 오해야.(웃음) 그런 이야기도 백년, '바람의 동료들' 연극에 나와요.

한국 문화계와의 교류

Q : 한국에서 상당히 유명한 사람들하고 작업도 하시고 관계를 맺으셨는데 혹시 한국의 그런 사람들에 대한 생각은 어떠세요?

A : K-pop는 관심이 없고 물론 막 그것도 아까 내가 말한 것처럼 미국식이고, 식민지문화다 그런 말은 안 쓰지만 창조성이 없어요. 카라라든가 일본에서는 이미 지나가버린 대중문화예요. AKB48[8) 뭐 이런 거 다 보세요. 파시즘이죠.

진짜 무서워, 듣기가. 혼자 나와서 혼자 못 한다는 거죠. 30명, 40명 나와 가지고 에그자일[9)이라던가 우습지 않아요? 노래에 내용이 없고 그러니까 케이팝도 나하고는 관계없고.

장사익(張思翼) 선생님이랑 실은 3월 2일 나고야에서 같이 할 건데, 내 친구하고 장사익 선생님하고 친했거든요. 그 친구가 죽은 지 13년을 기념해서요.

Q : 이나가키 마사토(稻垣眞人)라는 분이죠? 채효(蔡孝) 씨와 같이 활동하신?

A : 예, 그렇습니다. 그 사람을 추모하기 위해서 연락해 보니까, 장사익 선생님이 오시겠다고 난리 났어요.(웃음)

---

8) 일본의 걸 그룹.
9) 일본의 아이돌 그룹.

난 한국에는 문화적인 건전성이라고 할까 그런 점이 아직 남아있다고 봅니다. 그러니까는 한국 가는 것을 좋아하고(웃음), 한국에서 공연하게 된다는 거도 영광스럽고.

젊은 한국배우들도 같이 연극을 했고, 많이 이야기를 해봤는데, 조박 선생님 왜 이런 노래를 하십니까. 아니, 우리들도 일본에서 민주화를 위해서 싸웠어.(웃음) 그러니까 다 아는 거야. '그런 사실 몰랐다'고 그래요. 특히 식민지시대의 이야기는 물론 교과서에 나오는 이야기 정도는 아는데, 이렇게 구체적으로 체험하는 게 처음이라고… 그래서 내가, 당신들에게는 역사가 되었죠. 당신들에게는 식민지시대의 역사다. 우리들은 아직 끝나지 않았다. 지금도 계속 하니까 그런 차이가 있지 않겠느냐, 그런 이야기를 했거든요. 아마 그렇죠.

그러니까 식민지시대의 노래도 흘러간 노래지만 지금도 남아있는 거고, '타향살이'나 반드시 나오는 살아있는 노래죠. 흘러간 노래가 아니라. 아, 그 노래에 대해서 호주 학자, 뉴잉글랜드대학의 휴 디퍼렌티하고 같이 연구해 봤는데. 지금 동경공업대 교수를 하고 있죠. 영어로 써 있는데 같이 썼죠. 필드워크를 해서. '오사카 재일조선인사회에서 인기가 있는 식민지 시대의 노래들' 이게 제목이에요. 이 책 갖고 가세요.

또 가요에 대해서는 이중희 씨라고 한국의 성공회대에 계시는 분이 연구하셨지요. 식민지시대의 대중가요에 대해서. 그리고 나고야의 박창호 선생은 한국가요사에 대해 책을 쓰셨죠. 같이 연구 활동을 하시고요.

재일문화와 한국문화에 대해

Q : 식민지 시대 자이니치에 관해서 한국교과서에 혹시 실린 게 2·8

독립선언과 강제연행 정도입니다. 사실은 한국에 있는 학생들이 자이니치에 대해서 배울 기회가 그렇게 많지 않습니다. 특히 역사 시간에. 그걸 어떻게 생각하십니까?

A : 그것도 말하자면 여유가 없었다는 거죠. 한국에서도 민주화 과정에서 그런 여유가 없었다는 것. 일본에 대해서 일본은 나쁜 나라다, 제국주의다 그런 거 할 때에 하나의 재료로 재일교포가 자료로 만들어지고 있죠. 위안부 문제도. 물론 그거 일본의 문제이기도 하고 근데 역시 한국의 문제, 한국근대사의 문제죠.

그 시점이 없으면 동포에 대해서는 동포애를 가지십시다, 그 정도로 끝나겠죠. 한국의 현대 문화 속에서 식민지문화가 아직도 한국에 남아 있는 그런 것이 안 보여요. 케이팝, 그것도 내가 보기에는 식민지 시대의 문화 영향, 그 연장선 위에 있다고 볼 수가 있죠. 물론 국수주의도 더 이상 안 돼.(웃음) 그런 의미에서는 역시 김지하 씨가 판소리하고 탈춤에 자기들의 문화의 핵심이었다라고 한 것은 지언입니다. 한국 사람이 누군가? 일본문화도 서양문화도 아닌 자기들 민중들의 문화 그런 심볼(symbol)로 판소리하고 탈춤이다. 그런 사상과 관점이 내 속에 남아 있어요.

Q : 저기 '원코리아 페스티벌'이라든가 그런 것들이 있는데요. 선생님은 조금 작은 규모로 많이 하시지 않습니까. 근데 가능하면 큰 그런 무대에서 하시는 것에 대해선 어떻게 생각 하세요?

A : 그건 아마도 하고 싶은데, 원코리아 페스티벌은 물론 문화 창조의 자리가 아니고 프로파갠다. 그것도 중요하다고 평가를 해 왔어요.

Q : 근데 그냥 주로 한류가 많더라구요.

A : 그러니까 1년에 한번, 우리 같은 사람들을 포함해서 1년에 한번

모이는 그런 행사로써 중요해요.

80년대에는 1,000명 정도는 모였어요. 1,000명 규모의 콘서트 같은 거 할 수 있었는데 지금 1,000명을, 자기 힘으로 모이게 정말 어려워요. 100명, 200명, 괜찮다고 생각하고 있어요.

Q : 아까 미소라 히바리에 대해서 특히 선생님께서 '아 이런 노래는 자이니치'라고 생각하는 노래에는 어떤 노래가 있을까요?

A : '가나시이 사케', 슬픈 술. 그리고 '미다레가미' 그것도 대표적인 노랜데, 미소라 히바리의 노래하는 방법이 완전히 일본식이 아닙니다. 발성법은 역시 한국 사람의 타고 난 것입니다.

'잡초의 노래'는 히바리가 작사한 노래에요. 길가의 잡초처럼 그런 강한 여자가 되었다 그 가사 중에 '자기 몸에서는 늙은 일본사람의 피가 흐르고 있다'가 아니고 '내 몸 속에서는 이 나라에서 태어난 늙은 사람의 피가 흐르고 있습니다'라고 나와요.

아 그게 이 사람의 조선인선언이 아닐까. 보통 일본 사람이라면 늙은 일본 사람. 그렇겠죠? 그게 아니라 '이 나라에서 태어난 늙은 사람의 피', 그때.(웃음) 비밀 메시지처럼… 이 나라에 태어난, 일부러 일본이란 말을 안 쓰고.

미소라 히바리가 천재다 할 때는 내가 보기에는 우리나라의 민요나 판소리나 그런 발성을 할 수 있었다는 거죠. 덴도 요시미[10]의 어릴 때 사진 보니까 옆에서 꽹과리를 치는 사람을 발령했고요. 이 사람도 아마 한국 사람이고, 물론 정말 노래 잘 해요.

---

[10] 덴도 요시미(天童よしみ). 1958년생 엔카 가수.

재일사회에 대한 관점

Q : 선생님은 전에 맑스주의 공부를 하셨다고 하셨는데 그때 공부의
　　톤을 지금도 가져갈 수 있다고 생각하십니까?

A : 물론이죠. 근본적으로는 계급사회이고 계급사이의 이익은 화목할
　　수가 없는 대립입니다. 바로 계급 모순이죠. 물론 깊이 연구한 거
　　아니지만은 '흑인은 흑인이다. 그는 어떤 경제관계에서 노예가 되
　　겠다'면은 조선은 조선, 조선인은 조선이다.(웃음) 그들은 어떤 사
　　회경제관계에서 차별 받겠다.
　　소비에트가, 사회주의 국가가 망했는데 맑스가 아마 아직도 유효
　　하다고 나는 생각하고 있어요.

Q : 그렇다면 자이니치사회도 그런 선생님이 말씀하신 것을 가지고
　　설명할 수 있나요?

A : 예, 어떤 의미에서는 민족차별이라는 것을 누구라도 차별당하는
　　것이 아니죠. 부자가 된 사람들은 역시 일본사회에서도 자이니치
　　교포사회에서도 계급적인 분화가 되어 있고. 부자는 엄청난 부자
　　고 가난한 사람들은 진짜 가난하고. 그래서 돈이 있는 사람들은
　　선거권, 투표권 없어도 관계없이 즐겁게 삶을 살고 있고.

Q : 그러면 지금 이런 현상이 자이니치사회에서는 언제부터 나타났지
　　요?

A : 아, 내 인상으로서는 아마 80년대. 물론 그때까지도 있었겠지만
　　음 80년대 중반기부터? 그러니까 우연히 아마 한국이, 한국사회가
　　민주화를 시작해 가지고, 교포사회도 어느 정도 자유롭게 말도 할
　　수 있게 되어 가지고 경제활동도 한국 경제 덕분에 자이니치 경제
　　도 아마 좋아졌을 거 아닙니까.

Q : 마루한도 그 시대에 자이니치 경제계의 수장으로 본인이 지금 자
리를 계속 유지하기 위한 그런 게 많이 나타나기도 하죠.

A : 빠칭코니까 산업이 아니잖아요. 소프트뱅크의 손 마사요시 씨도
국적은 일본이지만 우리 교포고, 그런데 그 사람은 자이니치 제일
싫어한다고.(웃음) 어쨌든 손 마사요시라고 한국이름으로 당당하
게 산업계에서 있는 그런 사람들은 자기 입장에서 확 해질 수 없
게 되고 또 우리 서민들은…(웃음)

Q : 지금 궁핍생활이라고 하셨는데 가장 중심인 것이 어떤 거죠? 지금
투쟁 그거에서 평화문제는 핵하고 관계가 될 것 같구요. 그리고
궁핍생활은 어떤 게 중심이죠?

A : 오사카에서는 가마가사키(釜ヶ崎)라고 일용 노동고용자 거리가
있어요. 슬럼, 일본에서 제일 큰 슬럼. 지금 거의 공사나 일이 없
어요. 고령화되어 주로 노인
만 남아있고, 가마가사키는 일
본의 미래 모습이예요. 시간
이 있으면 가서 보실래요?

Q : 그곳에 재일도 있고요? 옛 부
락과 가까운가요?

A : 예, 물론. 부락은 바로 근처.
덴노지(天王寺)에서 더 간 곳
이지요. 니시나리(西成) 신이
마미야(新今宮). 이카이노가 한
국 사람, 제주 사람들이 많았
지만 니시나리는 국제부락이

구술하는 조박 선생

라고 해요. 나는 니시나리에서 태어났고요.

Q : 이카이노라고 하는 지명도 없어졌잖아요. 그 없어질 때쯤에 지명
이 바뀌었나요?

A : 네. 이카이노의 지명은 74년에 완전히 없어졌어요. 옛날에 돼지를
키웠던 들판. 그런데 '이카이노 지금도 이카이노 우리가 이카이노
라고 부르는 한 이카이노'(노래).

연구활동에 관해

Q : 재일코리안에 관해 연구하셨지요. 언제부터 연구를 하셨나요?

A : 맨 처음 대학원생 때 고베에서 박경식 선생님이 주제하셨던 연구
회가 있었어요. 재일조선인운동사연구회에 내가 참가하게 되었지
요. 그때 돌아가신 한석희(韓晳曦)[11] 선생님도 계셨고. 청구문고라
고 거기에서 한 달에 한 번 했어요. 미즈노(水野)[12] 씨가 그때 교
토대학의 대학원생이었죠.

교토에서 '한마당'을 만들었을 때 우리도 함께 했던 양민기(梁民
基)[13] 선생님이 '자주조선어강좌'를 하셨고 그때의 생도 중에 후지
나가(藤永) 선생님도 있었고, 강만길 선생님 제자인 불교대학의 오
타 오사무(太田修)도. 그런 관계로 모여서 배우고, 자료를 발견했
을 때는 드리기도 하고요.

---

11) 1919~1998. 1926년 도일하여 고베에서 공장 운영. 재일조선인사 연구를 위해 자
료 수집과 연구에 몰두하고 사설도서관 세큐분코(青丘文庫)를 설립했으며, 기관
지『재일조선인사연구』등 발행.
12) 교토대 교수 미즈노 나오키(水野直樹)를 말함.
13) 예술가, 작가. 교토에서 마당극(민중연극)을 실현시키는 등 교토를 중심으로 활
동.

Q : 선생님의 내선융화정책에 관한 논문을 읽은 일이 있습니다. 식민
　　지 시대 재일조선인의 단체를 조사할 때 많은 도움이 되었는데요.
　　역사 연구를 하셨지요?

A : 아 관서대학에서 학자가 되기 위해서가 아니라 선생님, 학교 선생
　　님이 되고 싶어가지고 일본국립대학, 고등학교나 중학교 현장에
　　가기 전에 조금 공부하고 싶다 해서, 우연히 관서대학에 제가 존
　　경하는 선생님이 계셨으니까 가서, 식민지시대의 자료를 보니까,
　　그 당시 인상으로는 어디에도 조선사람을 차별해도 괜찮다는 문
　　서가 없었어요. 이거 웬일이냐 그리고 융화정책 그것을 주목으로
　　연구했어요.
　　그러니까 '동화정책이었다', '민족문화말살정책이었다' 그렇게 배
　　웠지만 실제 자료를 보면 그 인상하고 완전히 달라요. 아 이거 좀
　　문제다, 그렇게 시작을 했어요. 그래서 그 논문을 썼는데.
　　친일파란, 한마디로 끝나면 안 돼요. 그 친일파가, 친일파라고 하
　　는 사람들이 어떻게 형성되고 어떤 활동을 했느냐, 영향이 어땠을
　　까 라는 연구가 없으니까, 지금도 식민지 문화에 대해서 뭔가 둔
　　감한 거죠.

Q : 혹시 기회가 된다면, 내선융화단체들이 많이 포함된 재일조선인
　　단체편람이라는 책이 있는데, 원하신다면 보내 드리겠습니다.

A : 아, 예 감사합니다.

Q : 일본 각 지역에 그런 단체가 많이 만들어졌구요. 20년대에 특히
　　그러다가 30년대가 되면서 또 더 많아진 측면이 더 있는데 나중에
　　협화회가 되는데…

A : 그 협화회의 흐름이 지금도 다 살아있어요.(웃음) 그 인맥이 다,

민단 쪽에.

재일문화의 정의(定義)와 재일문화의 방향에 관해

Q : 자이니치 문화가 무엇이고, 앞으로 자이니치문화의 방향에 대해
   말씀해 주시겠습니까?

A : 말로서 표현하자면 식민지시대부터 일본에서 살아온 조선인들의
   문화, 식민지 지배를 반대하고 자기 민족의 해방을 원하는 문화.
   그리고 조선도 한국도 일본도 아닌 특수한(웃음) 특징을 갖고 있
   는 문화. 특히 언어는 일본말이지만 일본 사람들이 쓰는 일본 사
   람들의 일본말이 아니고, 노래도 일본말 노래지만 일본 주류문화
   의 노래가 아니고 어디까지나 서브 컬쳐(sub culture), 카운터 컬쳐
   (counter culture)로서의 자이니치 문화.

   근데 그것이 우리들만의 힘으로 될 것이 아니예요. 아까 말했지
   만, 한국이든 북조선이든 일본이든 주류문화에 가 버리는 것과는
   관계없이. 그럴 수는 없어요.(웃음)

   우린 여기 있으면서 어디에도 속하지 않고, 국적은 한국이지만 한
   국에서도 속하지 않고, 그런 존재가 재밌지 않겠습니까.(웃음) 아
   그런 놈들이 있구나! 그게 우린 걸…

   우리가 장애 있는 친구들하고 왜 같이 함께 하느냐 하면, 옆에 그
   들이 있으면 뭔가 좋은 긴장감이 있습니다. 없으면 그런 사람들을
   잊어버리고 자기들만 생각하잖아요.

   오키나와도 그렇고 일본이지만 일본이 아닌 문화를 갖고 있습니
   다. 빨리 독립해 주면 좋겠다.(웃음) 그때는 우리는 오키나와 국민
   이 될 거요.

Q : 지금 3세대, 4세대, 5세대로 넘어가는데 변화가 오면서 같이 뉴커

머들이 들어오지 않습니까?
현재 정의를 내려주신 이 세
대들이 많이들 이제 돌아가
시고 안 계시는데 그 자리를
뉴커머나 3세대나 4세대나
후세대들이 자리를 차지할
수 있을 거라고 생각하십니
까?

A : 어렵죠. 근데 세대가 이어서,
변해도 자기들이 어떤 역사
속에서 여기에 있느냐. 그걸
알게 되면 물론 감각이 달라
도. 공감할 수 있겠죠. 우리

구술을 마치고 보여준 작은 공연

도 1세, 2세와는 다르니까요. 근데 공유하는 거, 그걸 우리세대가
남기고 다음 세대에 남기고 싶다 하는 그런 감이 지금 있습니다.
구체적으로 이카이노에 문화회관을 하나 만들자고.
원 코리아도 재단법인이 되었습니다.(웃음) 그것도 우리의 하나의
힘이고요.
어디까지나 조선도 한국도 일본도 아닌 우리 '자이니치'예요. 캐나
다 밴쿠버에 갔을 때 차이나타운에 중국문화센터에서는 중국, 대
만, 홍콩, 여러 깃발들을 다 간직하고 있어. 이게 뭣입니까라고 물
어 봤더니 세계에서 중국 사람들이 살아있는 곳의 깃발이에요. 아
이고! 자이니치에서도 이걸 해야 하는데. 자이니치는 그런 전제가
돼야 해요.

자신의 이름을 남기고 싶은 사진작가

- 이름 : 김인숙
- 구술일자 : 2013년 8월 6일
- 구술장소 : 순천 청암대학교 재일코리안연구소
- 구술시간 : 2시간
- 구술면담자 : 김인덕(인터뷰), 정희선, 동선희
- 촬영 및 녹음 : 성주현

■ 김인숙(金仁淑)

오사카에서 출생한 재일 3세로 고등학교까지 조선학교에서 우리말을 배우고 민족교육을 받았다. 사진영상을 전공했고 이후 11년째 한일을 오가며 작품활동을 진행중이다. 김인숙에게 사진은 '만나는 행위'이다. 2001년에 조선학교 학생들의 사진을 찍기 시작하여 아이들과의 만남과 그들의 성장과정을 장기간 담아내는 작업을 현재까지 계속하고있다. 그 외에도 〈사이에서〉, 〈님에게 드리는 편지〉, 〈소년들이 소년들에게〉 등, 자기 자신을 포함한 인물 사진을 통하여 외부에서 '非'일상으로 바라보는 곳에도 개인성과 보편성이 존재하며 보편적인 일상을 들여다보면 특별함이 존재한다는 이야기를 해 왔다. 2008년 광주시립미술관 개인전, 2012년에 홍콩국제사진제, 2013년 국립현대미술관 창동 창작스튜디오, 등 국내외 9번의 개인전과 수차례 기획전에 참여한바 있으며, 2014~2015년에는 일본 모리미술관을 시작으로 나고야, 고치, 오키나와 미술관을 순회하는 기획전과 대구포토사진비엔날레 2014에참여했다. 현재 전국 순회전시중인 하정웅(河正雄) 컬렉션에는 조선학교를 담은 작품 〈sweet hours〉가 포함되어 있다.

■ 인터뷰에 관해

김인숙 작가의 작품을 처음 접한 것은 서울 시립미술관에서 열린 하정웅 전시회에서였다. 순수한 눈망울의 재일 아이들의 얼굴이 커다랗게 클로즈업된 사진이었다. 이후 광주 시립미술관에서 직접 김인숙 작가를 만나면서 인터뷰가 성사되었다. 인터뷰는 김인숙 작가가 순천에있는 재일코리안연구소를 방문했을 때 진행되었다. 개인전을 개최하는중이고 일본에도 사진작업을 위해 가야하는 바쁜 일정 중에도 이 인터뷰 내용을 다시 읽고 보충과 수정을 해 주었다.

■ 구술 내용

사진을 배우고 조선학교 작업을 시작하다

Q : 선생님의 작품에 관해 말씀해주시고요. 나의 작품세계? 그냥 한번 편안하게 얘기해주세요. 물론 〈사이에서〉 나 지금 보여주신 것처럼 〈sweet hours〉 같이 이런 오랫동안의 기록을 하고 계신데, 선생님은 어떤 생각을 갖고 그런 작업을 하고 계신지요?

A : 알겠습니다. 저는 2002년도가 첫 번째 개인전이었고요. 그 전에 사진학과를 다닐 때부터 '학교'를 찍었어요. 제가 원래 의상을 전공했어요. 옷을 공부를 했는데 왜 제가 사진을 하게 됐냐면 일본에서 여자라는 성(性)과 그리고 국적에 상관없이 할 수 있는 기술직을 더 하고 싶어서 사실은 상업 작가가 되려고요. 사진을 공부하게 됐어요.

아버지 회사에서 식품 관련으로 찍어야 할 사진이 너무 많았고, 그걸 외주로 하기에는 너무 비쌌고, 그 정도 퀄리티가 필요한 회사는 아니었어요. 그래서 그냥 전단지 만들고 이렇게 백화점 같은 데 납품하는 그런 회사였기 때문에 아버지가 혼자 미놀타 카메라를 들고 공부하시다가 혼자 힘으로는 안되겠다고 딸이 사진을 공부하는 거를 도와주셨고요. '차라리 네가 배워라' 이렇게 되었어요.

학교를 들어가 보니까 거기가 작업을 하는 학교였어요. 작업을 하는 친구들이 가는 학교였어요. 학교를 잘못 들어간 거죠.(웃음) 그래서 저는 노출도 모르고 카메라도 처음 만져보고 사실 아빠의 미놀타 카메라도 너무 좋은, 비싼 카메라로밖에 안보였는데 사실 그거는 중저가 아마추어용 카메라였고 렌즈까지 포함하면 싼 카메라였고요. 나중에 알고 보니까. 그런데 이미 친구들은 그런 걸 다 알고 나의 작업세계를 추구하고자 학교에 온 친구들인 거예요.

근데 늘 작품을 보여 줘야 했던 학교였고, 나의 작품세계를 찾아야 되는데, 여기서 작업이 시작이 되는데 기술이 없는 저로서는 나만이 표현할 수 있는 세계가 뭔가에 대해서 어렸을 때 생각을 많이 했던 것 같아요.

여기서 제 배경이 아무래도 나올 수밖에 없는 게 저는 다른 친구들과 다른 교육기관에서 공부를 했고 이름도 김인숙이라는 일본인 이름이 아니기 때문에, 그런 부분이 제 개성이 되지 않을까 라는 생각이 들었어요. 좋은 뜻으로. 차별이나 그런 부분보다도 이 분들이 못 보는 세계를 내가 보여줘야지만 승부를 할 수 있겠다. 웃긴 얘기지만 기술이 너무 뒤떨어지다보니까 조금이라도 나의 얘기를 하는 걸로 표현을 하자 이렇게 해서 시작한 게 '학교'였고요.

처음에 히가시오사카(東大阪) 조선초급학교(정식명칭), 예전에 히가시오사카 조선제2초급학교였던 학교에 제 출신학교니까 갔어요. 그런데 3일밖에 취재허가를 안주시더라고요. 제가 아는 선생님이 한 분도 안 계셨고 얘가 뭐야 하면서 선생님들도 약간 당황하시는 눈치였고, 그런데 3일 찍어보니까 너무 좋은 거예요. 나의 옛날을 다시 보게 됐고, 애들이 너무 예쁘고, 그래서 저는 이 작업을 계속 하고 싶었어요.

그런데 고등학교 동창이 그 당시 기타오사카(北大阪) 조선초중급학교에서 음악 교사를 했어요. 이 친구는 음악을 만드는 친구였고요. 광주시립미술관 전시 때 들으셨던 사운드는 모두 이 친구가 만든 거예요. 제 작품세계랑 이 친구의 작품세계랑 많이 맞았기 때문에.

제가 이 친구를 정말 우연하게 쓰루하시(鶴橋) 역에서 만났어요. 학교 졸업한지 한참 오래 되고 만났는데, 요즘에 뭐해? 나 사진해.

나 음악 선생님으로 여기 내 모교에 다니고 있어. 하고 얘기를 하다가 나 학교 찍고 싶은데 어떻게 안 될까? 이렇게 얘기를 했더니 고등학교 때 사회 선생님이 기타오사카에서 교무주임 선생님으로 계신다는 거예요. 저를 예뻐해 주셨거든요.

그래서 너 오면 분명히 바로 오케이 하실 거다 해서 갔는데, 정말 너는 언제든지 와서 마음대로 작업해. 네가 우리 학교를 절대로 나쁘게 쓰는 애가 아닌 것도 알고, 그래서 그 학교에서 작업을 시작하게 된 거예요. 학교 안에 있는 좋은 모습 많이 보여주려고 담기 시작했고.

그리고 학교에 가다보니까 왜 내 이름이 김인숙이고, 학교에 있을 때는 교육을 받기 때문에 우리가 다르고 재일교포이고, 왜 우리가 여기까지 왔는지에 대해 최대한 교육을 철저히 받았기 때문에 그 생각을 하고 살았는데, 대학교에 들어가면서 약간 무식했던 친구가 제게 하는 말이 인숙 씨 재일교포면 중국어도 잘하시겠어요. (웃음) 이렇게 할 정도로 아시아고 뭐고 잘 모르고 똑같은 여학생으로서 내가 대학생활을 보내고 있었더라고요.

그런 나에 대한 생각을 안 하고 몇 년 살다가 학교에 가니까 너무 신선했고요. 나의 어렸을 때를 찾고. 많은 작가들이 하는 작업이에요. 나뿐이 아니라… 정체성에 대한 추구? 나는 뭘까, 내가 어떻게 이루어졌을까, 나를 이루어지게 한 환경을 찾고 그런 것들이 처음 작업을 하는 사람들이 주로 하는 작업들이에요.

그래서 그 당시 학교에서 보여줬던 다른 친구들 작업 또한 나에 대한 얘기를 했었던 거죠. 근데 그게 제가 제 배경이 여기였기 때문에 제가 여기를 택한 거고, 또 찍다보니까 이제 한 시즌 갖곤 안 되고, 이제 봄 여름 가을 겨울 찍고 싶어서 그렇게 해 보니까, 다음엔 이 친구들 성장이 보고 싶고 이렇게 해서 학교를 정말 많이 찾아가게 됐고요.

그때 마침 월드컵이 있었어요. 2002년도에 그때 코니카에서 신진 작가 지원을 개인전을 열게 해 주는 공모가 있었어요. 비쥬얼 아트라는 전문대를 갔는데, 거기 선생님이 '너 지금이다. 네 작업을 지금 보여주지 언제 보여 주겠어' 해서 공모를 내서 통과를 했어요.

월드컵 끝나고 분위기 좋고 제 전시가 12월로 잡혀있었는데 9월 달에 고이즈미(小泉)[1] 씨가 가서 납치사건을 터뜨렸네요? 그래서 거꾸로 최악의 상황이 된 거예요. 이 작품을 보여주는데 있어서. 기관이 작가 지원과 작품성을 깊이 생각해서 밀어주시는 분들이어서 운 좋게 제 개인전을 열게 되었어요.

거기에서 처음으로 전시했을 때부터 재일교포라는 것 때문에 피해를 많이 봤어요. 내가 하고자하는 얘기는 아이들의 성장과 나와 아이들의 사적인 시간을 공유했던 이미지들을 보여주고 싶었는데, 어떤 일본인 할아버지가 오셔서 나한테 '얘네들에게 왜 아직도 이 교복을 입히냐' 하고 30분 이상… 그 교복을 제가 정한 건 아니잖아요. 사실 그 학교 교복이 그거였기 때문에 아이들은 입게 되는 거고 졸업했던 제가 컨트롤할, 나한테 따지는 게 사실 아니라고 생각했어요. 그런데도 그런 얘기를 하셨고, 어떤 신문기자는 취재하고 싶다고 전화하더니 작품에 대해선 전혀 물어보지 않고 '북한에 대해 어떻게 생각하세요?' 이렇게 시작하는 거예요. 그게 제가 정말…

---

[1] 고이즈미 준이치로(小泉純一郎) 수상이 2002년 북한에 가서 북일정상회담을 했을 때 북한이 일본인 납치를 처음으로 공식 시인했다.

나 자신을 찾아가기

Q : 일본 신문이예요?

A : 일본 신문이예요. 우익신문이었어요. 그런 부분이 그 이후에 한국
에서 전시를 해도 비슷한 상황을 겪게 되고요.

(재일교포) 다큐멘터리를 찍으시는 분들이 약간 재일교포를 이용
하는 것처럼 보이기도 하는데요. 자기 이름을 유명하게 하기 위해
서 이 소재를 이용하기도 하는데 나는 그러고 싶지가 않았어요. 그
리고 나는 찍는 사람들과 충분한 인간관계를 맺고 촬영을 하고요.
일단 제 작업은 사진을 찍지만 사진을 찍고 대면하는 퍼포먼스적
인 작업이라고 생각하시면 되요. 만나는 행위가 제 작업이에요.
그렇기 때문에 작품성이 많이 다른데, 이미지만 보고 다큐멘터리
로 몰려가기도 하고 재일교포로 몰려가기도 하고 늘 이렇게 치이
게 된 거 같아요. 그래서 이 인터뷰도 처음에 말씀드렸지만 정치
적으로 몰려가실 거면 쓰지 않았으면 좋겠고, 그것 자체를 안 하
겠다고 처음에 선생님들께 말씀드린 이유도 그 때문이에요.
그래서 그런 정체성의 얘기로부터 시작하고 추구를 하다보니까,
꼭 한국에서 작업하고 싶어져서 한국에 오게 됐어요. 그것도 인연
으로 한성대학교 김장섭 선생님이라고 배병우 선생님과 정말 절
친한 선생님이 계신데 그분을 통해서 대학원을 다니게 됐어요.
한국에 10년 전에 왔을 때에는 지금 가야[2] 씨가 있는 한국이랑 많
이 달랐어요. 재일교포라는 존재 자체에 더 무관심했고 모르시니
까. 저한테 왜 일본인이 안 되세요? 라는 질문을 1년에 천 번 넘게
들었어요. 그러니까 이 학교에서 나는 코리안이다 이렇게 자랐던
애가 코리아에 오니까 넌 왜 일본인이 안 됐냐 그런 질문을 당하

---

[2] 현가야(玄伽倻) : 재일교포 3세. 이 책 181쪽 참조.

게 된 거죠.

그 당시 상황 때문에 그랬고, 악의를 가지고 한 건 아니었으나 무
관심과 무의식 속에서 너무 충격을 받았죠. 차라리 나는 일본 국
적을 택할래 이렇게 생각해 본 적도 있고 천 번 넘게 물어보셔서
제가 작업을 하나 만들었어요. 작가다 보니까요. 이건 많이 못 보
셨을 텐데 오래전에 전시하고 오래 공개를 안 했고 2004년도 작업
인데요. 제가 1년 동안 내가 나를 찍었어요.

한국에 있는 상황, 내가 다니던 곳들, 그 모든 일정을 다 사진으로
써놨고 때로는 내가 너무 억울해서 그런 말 때문에 억울한 나를
찍었고, 그것을 편지랑 이렇게 내가 부르는 노래랑 그 친구가 부른
노래, '아리랑연가'랑 '임진강'이라는 노래를 작품 안에 넣었고요.

이렇게 해서 설치작업을 하게 됐는데, 내가 일본에 갔을 때도 찍
고 한국에서도 찍고 그 와중에 연변에 가게 되었어요. 어떤 분을
통해서… 연변을 가니까 북한냄새 한국냄새 그리고 거기 분들 일
본어도 잘하시잖아요. 그렇게 다 섞여있는 나 같은 곳을 만나게
되면서 최종적으로 할아버지 고향 제주도까지 찾아가는 1년을 기
록을 했고. 한국말 못할 때의 편지인데 '님에게 드리는 편지' 편지
내용만 홈페이지에 올라와 있어요.

그래서 편지 여섯 장을 통해서 남북이 왜 갈라졌고 왜 나한테 일
본인이라고 여기 와서까지 부르냐, 도대체 나는 어느 나라 사람이
야, 이렇게 사람들이 다 물어보는 걸 차라리 시각적으로 한번에
끝내려고 그 답으로 작업을 했던 것 같아요. 그래서 '임진강'이라
는 노래도 판문점을 북에서도 보고 남에서도 봤던 저로서는 남에
서 갈 때 왜 외국인이 나를 데려가지? 이게 참 신기했어요. 북한
에서 갈 때는 북한 병사들 안내로 북한 투어버스로 가는데 왜 남
한에서 갈 때는 UN군이, 우리나라 사람도 아닌 사람들이 왜 나를

여기로 데리고 가는 것이냐 이상하지 않나 하는 생각이 들게 됐
고, 임진강 노래가 많이 버스 안에서 떠올랐고 그 버스 안에서 찍
은 사진이예요. 그래서 이런 얼굴 표정들 하나하나가… 지금 보여
드리기가 좀 쑥스러운데. 어렸기 때문에 가능했던 작업인 것 같고
요.(사진 보면서 이야기)

이렇게 섞여있는 나에 대한 얘기도 하고, 드디어 할아버지 고향
제주도에 가봤고, 1년에 천 번 정도 왜 일본인이 아니세요 하는
얘기를 듣다 보니까 한국의 인식과 상황도 알게 됐고, 결론적으로
나는 나다 이렇게 나가게 된 것 같아요. 별로 가슴 아픈 이야기가
아니라 상황이 이렇고, 그래도 나는 나대로 살아가는 게 제일 중
요하고, 재일교포인 거, 한국 일본 다 나의 배경일 뿐이고 예술가

구술하는 김인숙 사진작가

로 태어났기 때문에 감사하게 이 타고난, 복 받을 만한 상황을 누리면서 살자 이렇게 된 거죠.

그래서 재일교포로 태어나서 저는 참 좋았어요. 그 사이에서 두 가지를 바라보면서 이제는 객관적으로 일본을 바라보게 됐고 재일교포의 존재 자체도 객관적으로 바라보게 됐어요. 왜냐면 저한테 한국 사람들이 일본에서 오래 살았는데, 왜 일본인이 되지 왜 그렇게 한복을 입고 학교를 다니고… 자꾸 이런 얘기를 할 때마다 지금 했던 이 긴 얘기를 계속 해야 하는 거예요. 너무 설명을 해야 하니까, 작업에 대한 설명이 아니라 역사적인 설명을 자꾸 해야지만 봐주니까 그런 부분에서 내가 설명을 안 하고도 시각적으로 내가 말하는 보편적인 일상들을 보여주는 수준까지 끌어올리는 싸움이었던 것 같아요.

조선학교 작업 〈sweet hours〉에 담은 학교는 유치원 만 세 살짜리가 중학교를 졸업할 때까지 12년간 다니는 학교를 운 좋게 담을 수 가 있었어요. 제 학교는 더 큰 학교였기 때문에, 저는 초등학교 따로, 중학교 따로, 고등학교 따로 다녔는데, 12년간의 아이들의 성장과정을 쭉 볼 수 있는 학교가 아니었는데 동창 덕분에 이 학교 섭외가 된 거죠. 처음부터 12년을 다 담아야지 사진집을 내던지 할 생각이었어요. 12년 이상의 시간을 담아야지 내가 얘기하고자 하는 학교 안에서의 일상, 그리고 그 일상이 쌓여가고 현실적인 나와 그 과정을 거쳐 갔던 아이들의 일상이 맞물리는 공간을 다 드러낼 수 있다고 생각했어요.

전 세계적으로 많은 나라에 학교가 있잖아요. 요즘에 한국의 학교 시스템이 수능 중심으로 돌아가서 너무 나쁘다고 하지만 그래도 학교에서는 이해관계(利害關係) 없이 친구를 사귈 수 있는 공간, 만남의 공간이기도 하잖아요. 그것을 다시 돌이켜보게 하는 공간

sweet hours

을 최종적으로 만드는 것이 〈sweet hours〉작업이고 이번에 '동강
(東江) 국제사진제 2013' 젊은 작가전에서는 그런 부분을 많이 시
각적으로 표현할 수 있었던 것 같아요.

광주시립미술관에서 2008년도에 개최된 개인전에서는 학교에서
음악교사를 했던 동창이 만들어준 사운드작업과 함께 사진들을
보여주는 공간을 만들었는데 보신 분들 중에서 약간 슬프다 이런
말씀들을 하시는 분들이 있었어요. 재일교포에 대한 선입견 때문
에 그런 것 같기도 한데… 하여튼 이번 동강사진박물관 전시에서
는 학교에서 아이들의 목소리만을 따가지고 사운드 작품을 제작
했고 책걸상 안에서 소리가 나오게끔 만들었거든요. 책걸상 산더
미 입체작품 〈Stacking hours〉라는 작품과 〈sweet hours〉 사진들을
함께 전시했는데 산더미에 다가가면 학교에서 아이들이 쓰는 이
상한 한국말이 들리고, 그 말은 어느 나라말인지 잘 모르겠고, 근

데 아이들이 노는 소리는 똑같잖아요. 그 소리를 배경에 깔면서 사진들을 보면 저게 뭐지?라고 생각하게끔 저는 학교의 배경을 제시했어요. 결론적으로는 늘 해왔듯이 학교 안에서의 일상을 제시한 것이지요. 저희의 일상이 다른 사람들이 봤을 때는 비일상이었나 봐요. 저는 일상에 대해서 많이 포착하고 일상에 대해서 조명을 주는 행위에 대한 작업을 많이 하고 있어요.

일상에 중점을 두는 것

Q : 일상이 중요하다고 생각하시나요?

A : 일상이 사실은 정말 중요한데 사람들은 특별하지 않으니까 돌아보지 않게 되는 거죠. 한국 국민들은 내 나라에서 자랐고 대한민국이 내 나라이기 때문에 나의 나라에 대한 고마움을 생각해본 적이 거의 없을 거예요. 남자분들은 군대에 가셨을 때 생각했을 수도 있지만, 나의 나라 나의 국적의 나라에서 안 살았던 저는 그 나라가 있어주는 것만으로도 감사하고 그런 삶이었던 것 같아요. 그래서 저의 관심사는 일상을 다시 바라보기인 것 같고 작업도 그런 쪽으로 진행중이구요.

Q : 정체성이나 이런 것보다 일상에 중점을 두시는 거죠.

A : 네 정체성 찾기는 〈님에게 드리는 편지〉라는 작업으로 끝났어요. 그런데 그렇게 안보세요. 사람들이 재일교포를 찍으면 그렇게 안 보시는 거죠. 그런데 이제 그렇게 안 보시는 것도 괜찮아졌어요. 마음대로 보셔도 될 것 같아요.

제 작업은 제가 성장하면서 함께 자라고 있기 때문에, 시각적으로는 나중에 다 전달이 된다고 생각해요. 대신 보여주는 방식을 제가 예민하게 골라야죠. 예를 들면 신문과 같은 기사에 나오는 사진이 참 무서워요. 그 앞뒤의 상황을 안 알려주면서 〈sweet hours〉 중 한 컷을 내놓고 여기가 북한이라고 표기하면 어떻게 될까요? 그럼 사람들이 생각을 해보지도 않고 믿어요, 사람이 그렇잖아요. 사진이라는 매체는 그만큼 무서운 매체라고 생각해요.

그렇기 때문에 제가 제 작품을 관리하는데 있어서 제가 적합하다고 생각하는 곳에 작품을 내놓고 싶은 욕심이 아직은 있어요. 나중에는 그것까지도 넘어서서 아 마음대로 써. 어차피 내 작품은 모든 사람이 알 텐데 이렇게 되고 싶어요.

Q : '동강국제사진제 젊은 작가전'에서는 선생님이 주로 보여주고 싶은 게 일상인가요?

A : 예 저는 그렇죠.

Q : 사진에 대한 설명을 해주세요.

A : 이 이미지에 대한 설명이요? 아마 2001년도에 찍었을 거예요. 제가 작업하기 시작한 학교에 처음 갔던 그때, 그러니까 그때는 학교의 일상생활. 나도 이랬거든요. 교복 이렇게 입고 애들이랑 이렇게 놀았잖아요. 그래서 그런 부분을 많이 담게 된 것 같아요. 그래서 애들이랑 같이 숨 쉬듯이 촬영을 했어요. 그리고 그때 나는 만 스물 셋이었기 때문에 중학교 아이들한텐 엄마 같지 않고 언니처럼 여겨지고, 이 친구들이랑 같은 시선으로 담을 수 있었던 것 같고요.

12년 찍다보니까 그게 안 되게 됐어요. 이랬던 꼬마가 나의 키를 넘어서고 누나 이렇게 내려다봐요.(웃음) 그래서 이제 엄마처럼 이모처럼 이 친구들의 성장 과정을 즐겨보면서 한 아이를 기록하게 되고. 희사라는 친구는 이 리플렛에 있는데 2005년도에 찍었어요. 저는 이 친구를 초등학교 때부터 알았고 지금도 이 친구가 제가 생각하는 학교의 소녀상에 제일 가까웠던 것 같아요.

다른 학교 아이들과 똑같아요. 아이들이 슬픈 날도 있고 싸우는 날도 있고 기분 안 좋은 날도 있어요. 그런데 저는 약간 발랄하고 좋은 이미지를 많이 찍는데, 내 작품 속에서는 조선학교를 알리고자 한, 심각함을 알리고자 했던 작업이 처음부터 아니었잖아요. 그래서 나는 〈sweet hours〉 이미지들을 통하여 학교에서의 일상을 다시 바라보게 하는 유토피아적인 학교를 만들고 싶었어요. 동강 전시를 통해서요.

동강박물관 전시는 입구에 딱 들어가면 학교에요. 전시공간을 학교로 만드는데, 얼마 전에 진행된 광주시립미술관 하정웅 콜렉션 전 같은 경우는 제가 인스톨(install)을 안했기 때문에 평소와는 조금 다르게 설치하셨는데, 홈페이지 보시면 아실 수 있지만 이번 동강사진제 전시 같은 경우는 정말 딱 들어가면 책걸상이 보이고, 아이들 사진을 산더미처럼 설치했거든요. 시간이 쌓인 것을 보여주려고 이렇게 산처럼 쌓고요. 이미지 맞은편에는 책걸상을 학교에 관한 기억과 시간으로 표현하여 산더미를 만들었거든요. 그런 식으로 네.

Q : 그 글을 쓴 것이 전시회에서 나레이션처럼 들려준 게 있어요?

A : 〈님에게 드리는 편지〉는 한번 무슨 TV에 나왔다고 하는데요? 나레이션 말고 이게 슬라이드 쇼 4분짜리 작품이에요. 사진이미지 서른여덟 컷이 이렇게 넘어가는 슬라이드 쇼인데 제 동창이 만들었던 '아리랑연가'라는 노래랑, 북한노래 '임진강'까지 해서 4분 정도 되거든요.

Q : 자막으로 나오나요?

A : 아니요. 그냥 이미지만 나오고 텍스트 일부분이 나왔을 수도 있고. 〈님에게 드리는 편지〉는 한국에서 사진비평상 우수상을 받아서 전시했을 때 누가 쓰셨을 수도 있는데 잘 모르겠어요. 이 작업은 지금 봐도 저는 참 애절한 것 같아요. 이게 제가 재일교포로서의 이데올로기가 드러난다고 아마 해석하실 텐데, 나로서는 한 청년 여자의 이데올로기적 갈등이라기보다는 정체성의 모색이 맞는 것 같아요.

하정웅 콜렉션전을 이번에 보면서 1, 2세대의 교포작가님들, 선생님들의 작품을 같이 보게 됐잖아요. 저희 세대랑은 너무너무 다르세요. 그래서 똑같이 이데올로기적으로 제 작업을 바라보시기에는 너무 다르다는 생각이 들었고요. 달라서 재미있기 때문에 그 수많은 작품 중에서 젊은 세대의 제 작품을 같이 전시하셨다는 생각을 했어요. 다르다는 것을 보여주려고요.

Q : 혹시 경계와 사이에 대해 얘기해 주시겠어요?

A : 어렵네요. 모르겠어요. 저는 사이라는 것이 더 포괄적인 것 같아요. 경계라면 이 라인인 것 같고. 사이는 이렇게 넘나드는, 바운더리(boundary)가 둘 다 있는 상황인 것 같아요. 뭐가 뭐의 중간에 딱 있는 게 아니라 때로는 이쪽에 치우치기도 하고, 이쪽에 치우치기도 하고 양면성이 있는 것 같아요.

어떤 때는 되게 일본 사람 같다고도 생각하고요. 한국에 있으면 그게 보여서 재미있었던 것 같아요. 제가 여길 떠날 수 없었던, 분하면서도 이렇게 있는 건, 처음에는 너무 억울했기 때문에 못 떠났고요, 지고 돌아가는 것 같아서 싫었어요. 그 당시는 어려서 미숙했고 한국말도 잘 못했어요. 단어로 귀에 들어왔지 이분들이 실제로 어떤 감정을 가지고 말씀하셨을지, 눈치를 전혀 못 볼 정도의 나이였고, 언어수준이었어요.

나중에 살면서 좋은 분들을 너무 많이 만났어요. 도와주시는 분들이 계셔서 나를 다시 돌아보게 되었고, 왜 일본인이 안 되었냐고, 좋은 의도로 나에게 물어보신 것을 나중에 알게 되었어요. 일본이 당시에는 한국보다 좋은 나라라고 생각하셨기 때문에 왜 그런 좋은 특권을 갖고 있는데 누리지 않느냐는 뜻이었고, 나는 그 말 자체를 꺼내는 것에 너무 예민했기 때문에 처음에는 너무 싫었던 거구요.

지금은 저를 일본인으로 보셔도 한국인으로 보셔도 아무 상관없어요. 아무렇게나 보시면 될 것 같아요. 그런 게 사이인 것 같아요. 딱 이것도 아니고 저것도 아니지만 대신 둘 다 될 수 있는…

이데올로기를 넘어서 작업하기

Q : 예술작품을 하기에는 사이에 있어서 좋을 수도 있겠네요.

A : 예, 너무 좋아요. 타고 났어요. 복 받았어요.(웃음)

Q : 재일동포로서 전문직을 택하려고 사진작가가 되려고 했다고 했는데, 사진작가는 재일교포에 대한 선입견에서 벗어나나요?

A : 고등학교 때까지 학원 같은 데 말고는 일본 사람을 접할 기회가 없었어요. 그냥 친구로서 만나는 것과 사회로 만나는 것은 다르잖아요. 대학교가 약간 사회생활이랑 비슷한데, 대학교 친구들은 나한테 중국말 하냐고 할 정도로 개념이 없었어요.

그런데 사진과에 들어갔더니 제 학교에는 현대미술적인 사진보다도 르포르타쥬나 다큐멘터리를 선호해요. 일본의 사진계 자체가 그렇구요. 그러다보니 세상의 많은 것과 많은 생각에 대해서 시선이 열려 있어요. 그걸 느껴서 학교생활이 너무 즐거웠거든요.

저는 어머니가 일본 사람이예요. 아버지가 재일 2세이고. 조선학교에서는 일본인들에게 우리가 얼마나 힘든 일을 당했는지를 가르치거든요. 일제 때 일본 사람은 너무 나빴다, 전쟁은 너무 나빴다고 아이들은 생각하게 되요. 나도 그렇게 생각했고요. 그래서 알게 모르게 일본에서 나는 마이너리티이고, 조선학교에 다니는 재일교포가 많지 않잖아요. 그러니까 마이너리티 중에 마이너리티였기 때문에 어렸을 때는 재일교포이기 때문에가 아니라 전쟁이 터지면 나는 어느 나라로 가야 하나 하는 것이 제일 무서웠어요. 도쿄지진[3] 때 찔러서 죽였잖아요. '고쥬엔 말해 봐' 그런데 고쥬엔이라고 말을 못해서 시골 분들도 많이 죽임을 당했지요. 그런데 나는 나치스의 유대 학살 같은 게 일어나면 나는 어떻게 할까 생각했어요.

일본이 아빠의 모국과 싸우고 있기 때문에. 저는 스무 살까지 호적으로는 조선적이었어요. 나중에 남한으로 바꾸는데, 조선학교에서는 하나의 나라라고 가르치거든요. 왜냐 하면 남한 출신의 교포들이 너무 많고 사상적으로는 북한이 지원을 하면서 생긴 학교이기 때문에 사상적인 교육도 하고.

그래서 나에게는 세 개의 나라가 늘 있는 거예요. 그러니까 저는 의식을 안 할 수 없죠. 그것은 다른 사람들이 바라볼 때 비일상인 거죠. 늘 생각하게 되었고, 그런데 하고 싶은 일은 많고.

Q : 어머니가 일본인이신데 조선학교를 다녔나요?

A : 어머니가 정하셨어요. 신기한 집인가 봐요. 어머니와 아버지가 고

---

[3] 1923년 9월 1일에 일본 관동지방을 중심으로 일어난 '관동대지진'.

등학교 동창이거든요. 제가 『시로 여는 세상』이라는 책에 에세이
를 쓴 적이 있어요. 거기 쓴 얘기인데, 우리 엄마는 고등학교 때
아빠를 만났고, 2세들이 힘든 것을 본 거예요. 중학교 때 이쿠노
에서도 선생님들이 교포들을 대놓고 무시했어요. 그런 과정을 엄
마는 친구로서 알았던 거죠.

그래서 엄마의 결론은 모국어를 알아야지 무시를 받아도 떳떳이
산다. 그리고 모국어를 알아야지 세계에 나갔을 때 우리나라에 대
한 이야기를 할 수 있다…

Q : 어머니도 조선말을 하시나요?
A : 엄마도 열심히 지금 학원에 다니고 있습니다.(웃음) 재일 2세와

사이에서

결혼한 일본 여자분들이 교포보다도 더 교포 같은 경우가 많아요. 우리 엄마는 제사상도 다 엄마 혼자 차려요. 그런 상황에 놓여졌었구요.

엄마의 교육 자체가 세계로 나가는 사람을 키우고 싶어 하셨고, 저 또한 재일교포 작가라는 이름보다 나중에 김인숙이라는 이름으로 작업을 보여드리는 사람이 되었으면 해요.

Q : 선생님과 비슷한 작업을 하는 재일 작가들이 있나요?

A : 이런 질문을 많이 받는데 창피한 일이지만 제가 공부 부족으로 잘 모르겠어요. 제 세대의 교포들 중에는 교포들끼리 뭉쳐야 한다는 생각이 별로 없는 사람들이 많아요. 교포이기 때문에 끌리는 게 아니라 작업이 좋아야지 끌리지요. 제가 한국 사람을 만나거나 일본 사람을 만날 때도 똑같아요. 옛날에 활동을 하신 분들은 뭉쳐야 될 이유가 있었던 것 같아요.

김영숙 작가님이라고 저보다 세 살 많고 조선대학을 졸업하시고, 국립현대미술관에서 디아스포라전을 할 때 작품을 전시한 분인데 전시를 통해서 그분의 작품을 알게 되었어요. 제가 아는 언니랑 아시는 분이었어요. 저는 많이 알지를 못해요. 한국에 와 계시는 다른 작가분은 못 봤던 것 같아요.

Q : 정체성을 넘어, 이데올로기를 넘어 일상으로 들어가서 문화를 찾는 작업이라면, 혹시 재일동포 문학가 중에 그런 작업을 하시는 분이 있나요?

A : 저는 양석일 선생님처럼 되고 싶었어요. 양석일 선생님은 재일교포를 다루면서 인간의 보편성으로, 이데올로기를 뛰어넘는 작업이라고 생각해요. 그분이 그 시대를 살았기 때문에 체험과 배경이

묻어나는 작업이라고 생각하고요. 책도 재미있게 봤고요.

Q : 한국에서 민족학교를 찍어 본 작가들이 있지요?

A : 인사동에서 오픈을 하셨을 텐데 김지연 작가님. 후쿠시마의 학교
지요. 저널리즘이라고 해야 하죠. 찍는 분들은 많은데 13년 하는
사람은 없는 것으로 알고 있어요.

그런데 그분들이 하는 작업은 제가 보기에는 조선학교가 이렇다,
이런 학교가 있다, 이런 역사 배경을 가진 사람들이 이렇게 산다
하는 것을 보고 싶어 하는 작업으로 보여요. 이미지와 텍스트에
많은 정보가 있지요. 그런데 저는 그와 정반대로 그런 정보를 다
빼고자 하는 작업이지요.

작업으로써의 사진과 그냥 사진의 차이는 특히 현대 미술에서 작
품을 보여줄 때는 그냥 예쁜 이미지를 찍으면 좋은 것은 아니거든
요. 요즘 세상이 스마트폰 등을 통해서 모든 사람들이 아무 때나
사진을 찍을 수 있게 된 시점에서 사진을 다루는 작가들이 보여주
고자 하는 것은 이미지도 중요하지만 그 앞뒤의 맥락과 하고자 하
는 얘기, 생각, 개념이에요. 보시는 분들이 그 부분을 깊이 봐 주
셨으면 좋겠어요.

Q : 학교가 가진 사회적 의미를 배제하고 개인에 초점을 맞춘 건가요?
그것이 오히려 조선학교에 대한 편견을 거두는?

A : 예. 개인사지요. 그냥 이 작품이 너무 좋고 이것이 어떤 학교지 하
고 찾아보았으면 좋겠어요.(웃음) 그러니까 학교의 배경을 직접적
으로 설명하는 게 아니라 이 작가의 작품이 좋다. 그 다음에 찾아
보시면 되요.

Q : 선생님은 사람 만나는 걸 좋아하시나요?

A : 예. 만남은 행위이니까요. 이렇게 뵙는 것 자체가 저한테는 작업
이구요.

창동에서의 <예술+마을만들기> 프로젝트

Q : 자이니치만 찍으시는 건 아니지요?

A : 이번에 창동 지역 아이들과 작업했어요. 13년간 학교를 찍어왔고
보편성을 나타내는 맥락으로 학교가 중요한 키워드로 떠올라서
한국에 있는 학교에서 내가 이제까지 해왔던 얘기를 어떻게 할 수
있는지를 생각했어요. 아주 짧은 기간에 진행해야 할 프로젝트였
기 때문에 일본에서 마을마들기 기술사로 일한 남편과 함께 작업
하기로 했구요. 마을만들기의 일환인데 지역에서의 세대 간의 교
류를 '학교의 기억'을 축으로 이루게 하려고 작업을 시작했어요.
국립현대미술관 창동 창작스튜디오가 자리 잡은 창동 2·3동 부
근 주민들에게 가야 씨와 제 남편이랑 같이 가서 옛날 한국의 학
교가 어땠는지 학교의 기억을 수집하는 인터뷰를 한 달 정도 진행
했어요. 외국에서 자랐던 저희 세 명이 가서 여쭤보니까 열심히
대답을 해 주셨어요. 세대 간의 교류를 이루고자 하니 동네에서
제일 오래된 서울 신창초등학교를 택했어요. 창동이 40년 정도 되
는 동네여서 할아버지 할머니들은 다른 지역에서 학교를 다니셨
지요. 그분들에게 50년대나 식민지시대의 학교의 기억에 대해서
인터뷰를 받았지요.

그 얘기를 갖고 저희들은 서울 신창초등학교 6학년생들을 대상으
로 작업을 했는데, 어르신들에게 수집한 옛날 학교 사진들, 그리
고 신창초등학교의 40년 역사자료들을 구할 수 있는 자료는 다 구
해가지고 너희들이 다니는 학교는 옛날에 이랬다. 서울에서 제일

인원이 많은 학교였고 60여 명이 열세 반 있었던 학교였다 등등 학교에 관한 이미지를 먼저 보여줬어요. 70년대 이후의 학교 모습, 당신들이 사는 동네가 이렇다는 것도 알려 줬고, 다음에 지역 주민 어르신들이 식민지부터 전쟁 때까지 어떻게 학교에 다니셨는지를 보여줬어요.

인터뷰를 집약한 결과 옛날 학교에 대한 이미지를 시각화하는데 책보자기와 고무신을 쓰게 됐어요. 어르신들이 그에 대한 추억을 너무 많이 말씀하셨거든요. 그것이 현대와 다른 학교상이라고 생각했구요. 어른들에게는 추억의 아이템인데 이 아이템을 아이들에게 던져 주면 또 새로운 아이템인 거예요. 이렇게 아이들에게 어른들의 추억이나 아이템을 주면서 연출 사진을 찍게 했어요. 직접 찍게 했고, 수업을 통하여 만난 아이들과 스튜디오 부근에서 따로 촬영도 했고요.

책걸상을 나르는 영상이 쭉 나오는 〈Stacking hours〉라는 퍼포먼스를 담은 영상작품을 만들었는데, 이 작품은 학교에 대한 기억을 하나씩 쌓아간다는 개념으로 만들었어요. 이것도 똑같은 일상에 대한 얘기인 거죠. 한국에는 지역에서 세대 간의 교류가 별로 없잖아요. 그런 세대 간의 교류를 학교라는 일상을 통해서 하겠다는 것이 저희가 내세운 마을 만들기적인 개념이었구요. 그것을 사진 작업을 통해 해 나간다는 것이지요.

일상은 다시 바라보면 반짝거리고 너무 재미있는 거잖아요. 아이들이 얼마나 좋아했는지 모르겠어요. 할머니들의 일상을 이렇게도 해보고 저렇게도 해보고 사진도 찍으면서 너무 재미있다고 했어요. 그런 워크샵을 3주 했어요. 토요일반 아이들이랑 어른들이 함께 했구요. 〈소년들이 소년들에게: Continuous Way〉라는 제목으로 5개의 작품시리즈를 제작했어요.

저에게 이번 9월 달에 개인전을 하지 않겠냐고 요청이 들어왔어
요. 거기서는 한국의 학교와 우리학교를 같이 전시하려고 계획하
고 있거든요. 이 두 개의 학교를 연결하면서 〈sweet hours〉를 통하
여 비일상적인 공간에서도 일상이 존재한다는 이야기를 하려고
하고 또 자연스럽게 만나는 할머니들과 아이들의 이미지는 사실
일상적으로 이루어지지 않은 세대교류 간에 의해 이루어졌는데
사람들이 당연하다고 스쳐지나가는 일상을 들여다보면 거기에 특
별한 이야기가 존재한다는 이야기를 하려고 해요. 개인전 제목은
〈벗나무의 시간표〉이구요. 일본의 상징으로 생각하기도 하고 한
국이 원산지인 나무라고도 주장하고 일본에서는 학교의 입학시즌
을 상상하게 하는 여러 가지 편견을 가진 '벗나무'라는 단어에 제
가 말하는 비일상 속에 존재하는 보편적인 일상과 스쳐지나가는
일상속의 특별한 이야기라는 단어를 담았어요.

Q : 사진을 많이 찍어 놓고 그 중에서 선택하시는 거지요?
A : 예. 편집을 할 때 저널리즘다큐멘터리하고 많이 다른 점이 생기지
　　요. 저널리즘다큐멘터리는 이것을 꼭 알려야겠다는 사실을 드러
　　내는데 저는 찍을 때 정말 퍼포먼스와 비슷한 행위인 것 같아요.
　　사람들을 만날 때 카메라를 통하여 같이 노는 거예요.

사진예술에 관하여
Q : 좋아하는 사진가가 누구세요?
A : 세계적으로 유명하신 분은 스기모토 히로시(杉本博司)[4]라고 뉴욕
　　에서 활동하는 일본 작가분을 좋아하고요. 일본에 계신 분 같으면

---

[4] 1948~. 사진가. 1976년에 『지오라마』 시리즈를 제작한 이후, 개인의 존재를 초월
　한 시간의 축적과 흐름을 표현해내는 방법을 모색하고 있다.

모리무라 야스마사(森村泰昌)⁵⁾라고 쓰루하시에 스튜디오가 있는
일본 분인데 명화, 모나리자 같은 것을 표현하기 위해 똑같이 메
이크업을 하시고 포트레이트(portrait, 초상화) 사진을 찍으시는 분
이지요. 여배우 시리즈도 있고요.

한국 작가 중에서는 노순택 작가님을 많이 좋아하고요. 그분은 르
포르타쥬, 다큐멘터리 작가시면서도 현대 미술 영역에서도 많이
활동하고 요즘 상도 받으시고요. 작년인가 동강사진상을 받으신
분이지요. 그분하고… 배병우 작가님도, 좋은 작가분들이 너무 많
으신데.

Q : 이런 분들이 대부분 사람을 테마로 하나요?
A : 아니요. 저는 저랑 다른 작업을 하시는 분을 좋아해요.

Q : 앞으로도 사진에선 사람을 모티브로 계속 하실 거예요?
A : 당분간은 아마 그럴 것 같아요. 모르겠어요. 물건을 찍고 싶어지
면 찍을 거고. 딱히 정하지 않았어요. 일단 지금 현재 하고자하는
작업이 학교작업을 좀 더 깊이 하고 싶고 그리고 또 계획은 가족
시리즈는 20년을 잡았기 때문에 계속 꾸준하게 찍고 싶어서 일단
현재 진행 중인 작업들을 진정성 있게 진행하고 싶어요. 우리학교
도 지금 찍고 있기 때문에 계속 하고 싶은데. 학교를 이번에 12년
을 찍다보니까 중학교 1학년 입학생이 올해 없어졌거든요. 여러
가지 사연 때문에 그런데요. 그러면 이제 2학년 3학년 다니는 나
머지 2년이 끝나면 기타오사카에서 중학교가 없어지지 않을까 하
는 걱정도 되구요. 그래서 이제 학교의 공간을 담을 작업을 할까

⁵⁾ 1951~. 현대예술가. 자신의 신체를 사용하여 세계적으로 유명한 그림이나 유명인
   등을 표현한다.

하는 생각을 하고 있어요. 여러 가지 남겨진 것들을 보려구요…

Q : 그런데 선생님 작품과 이데올로기적인 것을 빼고 이야기할 수 있
　　을지 하는 문제인데요. 조선학교가 가지고 있는 상징적인 이데올
　　로기 때문에, 사람들이 기본적으로 선입견을 가지고 있고, 본인은
　　이데올로기를 빼고 인간을 찍어도 그 선입관념이 막상 이데올로
　　기라는 창틀을 가지고 보는 거죠.

A : 이데올로기, 저는 그걸 빼고 이야기를 하는데 보시는 분이 꼭 끼
　　고 보시겠죠.
　　근데 그 이데올로기는요, 다른 나라에 가면 깨져요. 유럽에 가서
　　유럽 큐레이터에게 보여줬을 때 그렇게 안 봐요. 그게 한국 사람
　　만 그래요. 그리고 일본 사람만 그래요. 왜냐면 이미 전쟁을 했던
　　서로의 나라에 대한 정보를 너무 많이 가지고 있기 때문이에요.
　　사진이라는 매체의 특성인 것 같아요. 사실이 찍혀서 그럴 수도
　　있고 사진 한 장으로는 앞뒤의 맥락이 안 보인다는 한계성이기도
　　하고요.

Q : 이런 건 없어요? 유럽에 가서 이 사진을 보여주고 학교를 보여주
　　면 세계 각국의 교복 이라든지 특성이 있기 때문에 아 동양의 한
　　국 또는 일본의 학교려니 생각을 하지 이 교복이 가지는 어떤 이
　　데올로기를 안 보죠.

A : 그렇죠. 안보이죠.

Q : 한국이나 일본에서는 이렇게 치마저고리를 교복으로 입는 데가
　　없어서 보는 시각이 달라지니까요.

A : 네 그것을 그렇게 따졌을 때 그것이 이데올로기인가요라는 질문

을 제가 거꾸로 드리고 싶어요.

처음에는 저도 헷갈렸는데 이제는 그것마저도 재미있어요. 이걸 이데올로기라고 보셔도 되고요. 그렇게 봤을 때의 느낌이랑, 그걸 안 봤을 때의 느낌이랑 다를 수도 있지만 저는 가고 싶은 제 목표점이 이데올로기를 떠나서 뛰어넘을 수 있는 게 시각예술이지 않을까. 그리고 그런 작업으로 제가 끌어올려야지만 제가 전혀 신경을 안 쓰고 마음대로 보세요 하는 작품이 되지 않을까 하는 생각에 작품 퀄리티를 올리는 것을 추구를 하도록 계속 노력하고 싶고요.

이데올로기가 참 그렇죠. 그런데 정말 무서운 게 사진이라는 매체의 한계인 것 같아요. 이렇게 현실이 그곳에 있어야지만 찍히는 게 사진이잖아요. 그렇다보니까 이 부분에 대한 기억과 정보는 각자 다 달라요. 보시는 분들이. 이것을 흑인이 봤을 때 '서울인지 어딘지 모르겠지만 아시아인 것 같다.'로 끝날 수도 있는데 저희가 봤을 때는 여기가 신사동인 것을 아는 사람이 보면 어디구나까지 아시는 거잖아요. 그래서 제가 사진을 낱개로 보여주기 싫고 전시회를 보셨으면 제가 하는 얘기가 확 전달이 되요. 그런데 이미지 한 장만 봤을 땐 전달이 안 되니까 저는 사진을 낱개로 보여주는 걸 별로 안 좋아해서 홈페이지도 주로 인스톨 뷰로를 주로 포트폴리오를 보여드리고 있고요. 아무래도 전시는 인스톨레이션이다보니까 라이브랑 똑같아서 그 현장에서 보셨던 분만 그것을 느낄 수 있는 안타까움이 있지만 그래서 전시 기회가 많아지면. 좋겠어요.

Q : 선생님은 사진하고 그림이 어떻게 다르다고 생각하시죠? 이 사진들은, 설명을 해주시는 건가요? 평상시에 궁금했는데, 자이니치

사진작가들이 아마 자이니치 중에선 쓰루하시를 찍으신 분들도
있으시잖아요. 몇 분 계속 찍어오셨거든요. 사진을 통해서 작업을
하신 분들도 계시고 한편으로는 또 그림을 통해서 쓰루하시를 계
속 그리는 분들도 계시더라고요. 그래서 그러면 사진과 쓰루하시
라고 하는 그림을 그릴 때 뭐가 좀 다를까. 다르니까 다른 방식으
로 만들어내는데요. 사진은 지역성이 강하잖아요. 그림은 상대적
으로 추상적이고요. 선생님이 생각하는 사진과 그림의 차이는...

A : 아주 개인적인 생각인데 아까도 말씀드렸지만 사진은 그 현장에
있어야지만 찍힌다는 것. 그렇지만 그게 진실도 아니고요. 사실도
아니라는 거 그게 사진의 묘미인 것 같아요. 아까도 말씀드렸지만
해석하기 나름이라는 거예요. 그게 사진의 매력이면서 한계이기
도 한 것 같고 그 이중성을 어떤 매체나 갖고 있어요. 회화는 제
가 그림을 많이 안 그려봐서 정확히 어떤 매체라고 말하긴 너무
부족하지만, 차이점을 봤을 때는 사진은 순간이예요. 찍으면 다
과거가 되잖아요. 그런데 회화는 그리는 동안 계속 진행되죠. 제
가 지금 말씀드리는 거는 사진 한 장을 봤을 때의 얘기고요. 그러
니까 저 같은 경우는 물감을 쓰듯이 사진을 찍기 때문에 결국은
이걸 다 조합을 하거나 보여주는 최종단계가 회화랑 비슷하지 않
나 하는 생각이 들어요.

저는 사진학과를 다니기 전에 어렸을 때부터 그림학원을 계속 다
녔어요. 고등학교 때까지 그림을 너무 좋아했어요. 잘하지는 못했
지만요. 그림은 무지의 하얀 종이에 내가 생각하거나 보는 것을
그려가는 거거든요. 사진은 정 반대로 있는 것에 가서 찍어야하
는, 너무 매체가 달라서 너무 헷갈렸고요. 아직은 없는 것에서부
터 만들어내는 부분이 너무 몸에 배다 보니까 전시장 최종 구성하
는 게 제 작업이라고 생각하는 것 같아요. 대신 그 붓 터치 하듯

이 내가 하나씩 만들어내는 공간을 사진들로 구성하는 것이구요. 리얼하게 만나는 행위의 흔적을 담은 사진을 찍는 걸 선호하고요. 현재 제 작업은 그런데, 사진과 회화 개념은 사람마다 너무 달라서 개인적인 제 생각이라고 생각하시면 되요.

한국에서의 작품 활동

Q : 작품 활동을 한국에서 하기가 일본보다 어렵지 않아요? 어때요?

A : 너무 좋았어요. 국적이 한국이다 보니까 정말 많이 득을 봤어요. 한국에서는 한국 국적자에 한하여 신인작가를 지원하는 시스템이 10년 사이에 많이 늘었고요. 문예진흥기금 같은 데서 전시를 하는데 현금으로 지원해 주시는 경우도 있고, 한 사람밖에 못 따지만 몇천만 원을 받을 수 있는 상도 있고… 제가 사진을 시작했을 때 일본은 이미 불경기였기 때문에 몇천만 원씩 현금으로 주는 상은 없었고 개인전을 해도 공간만 제공을 해주지 현금으로 이렇게 자금지원해주는 일은 많지가 않거든요. 그게 현재 일본작가들이 많이 힘들어하는 부분이고요.

제가 한국에 왔을 때 마침 아트(art) 버블이 있어서 사고팔고의 얘기가 많이 오갔지만 저랑은 전혀 상관이 없었어요. 작품성과 판매성은 전혀 무관한데 안팔리면 작품성이 떨어지는 것 같아서 옛날에 좀 초조하긴 했어요. 사람들이 안 팔리는 작가는 안 좋은 작가인 것처럼 보는 시기가 있었어요. 사실은 아니죠. 사는 사람이 누구냐에 따라서 다 다른 건데 여기서는 개인 콜렉터들이 있었기 때문에 분위기가 좋았고, 아티스트 레지던스도 여긴 70개가 넘는대요. 일본보다 훨씬 많죠. 한국은 어떻게 보면 예술가들한테는 좋은 나라이고 좋은 나라인데도 예술가들은 치열하고 힘들게 사신다고 하지만 저는 한국 상황이 너무 복 받은 것 같아요. 저는 감사해요. 한국에서 활동하고 있다는 게.

Q : 한국과 일본의 사진의 수준이 비슷한가요? 일본에서 활동하는 수
준이면 일본에도 통하고 일본에서 활동하는 수준이면 한국에도
통하나요?

A : 저는 한국 사진이 지금 현재 세계에 통한다고 생각하고 있고요.
일본 사진하고 사진 스타일의 차이는 많이 나요. 영국과 독일에서
사진은 아주 개념적인 작업을 하는 반면에 프랑스는 감성적이고
즉흥적인 작업이 많다고 봐요. 일본은 약간 프랑스식이고 한국은
영국과 독일에 많이 다녀오셔서 개념적으로 미술에 가까운 사진
들이 많아요. 지금 유럽에서 코리안 포토그래피가 뜨거워요. 반응
이…

저는 그럴 때는 코리안 포토그래퍼로 들어가서 득을 보고요. 어떨
때는 재팬 포토그래퍼가 되기도 하고요. 저는 모든 걸 누리려고
해요. 욕심이 많아요. 그게 제가 가진 거니까요. 대신 안 가진 것
들도 있지만 가진 것들이니까. 감사해요.

Q : 집에 사진이 많으실 텐데, 또 다른 작업을 하려면 팔려야 하잖아
요?

A : 네. 그래서 힘들어요. 그래서 저 같은 경우는 책으로 만들어야지
판매가 된다는 얘기도 하셨고 유럽에서는 인물작업도 팔리니까
저 올해 큰 마음 먹고 파리에 가요. 11월에 파리 포토 페스티벌이
있는데 거기에 유명한 큐레이터, 세계 각국에서 활동하시는 분들
다 모이시니까 그분들한테 작품을 직접 보여드리려고 포트폴리오
리뷰를 신청을 했어요. 팔렸으면 좋겠다는 약간의 욕심을 가지고
가는 것도 있지만 말씀하신대로 제 작업이 세계적인 수준으로 가

기 위해서 현재 작품들을 어떻게 바라보시는지도 궁금해서 가는 거예요. 참고로 한국에는 대구포토비엔날레가 있는데 파리에 많이 오시는 분들이 대구에도 오세요. 2년에 한 번씩 한국 작가들 작업을 보는데, 저는 2012년에 베스트 포트폴리오 4인 중에 뽑혀가지고 유럽 분들이 한국 분들이랑 다른 시각으로 작품을 바라보고 좋아해주시니까 자신감도 조금 생겼죠. 하정웅 선생님도 개척을 해주시니까 감사했어요. 안목이 그렇게 있으신 분이 이렇게 어린 작가의 작업이 좋다고 해주시고.

이미 출판사는 잡아놨어요. 천만 원 정도를 일본이든 한국에서 스폰서를 따와라 그러면 같이 작업을 시작하자는 네덜란드 출판사랑 얘기를 했는데 천만 원 쉽지가 않아요. 문예진흥기금이나 서울문화재단에 신청을 하려고 했는데 작년에 보니까 서울문화재단은 15년 이상 경력이 있어야지 사진집 지원을 해주는데 저는 3년 정도 부족했고요. 그리고 지원받은 작가는 모든 시리즈 전작을 아우르는 사진집을 제작해야 한다는 조건이 있어요. 예를 들면 저는 학교시리즈로만으로 사진집을 만들고 싶을 때 가족만으로 만들고 싶을 때 해당이 안 되는 거죠. 국제교류기금을 알아보라는 분도 계시고요. 여러 가지 천천히 알아보고 있어요.

Q : 사진을 전문으로 큐레이팅하는 분들도...

A : 네. 제가 정말 같이 일하고 싶었던 큐레이터 선생님이랑 이번에 동강사진전에서 같이 일하게 됐는데요. 사진작가를 지원하는 박건희 문화재단에 계신 박영미 학예실장님이세요. 몇 분 40대 초중반 되시는 여성 큐레이터분들 중에 제가 좋아하는 분들이 몇 분 계세요.

Q : 마지막으로 하시고 싶은 이야기나 계획이 있으시면…

A : 좋은 만남을 갖는 자리를 마련해주셔서 너무 감사드리고요. 제가 계속 말씀드렸던 이데올로기에 치이다 보니까 그런 부분에서 제 작품을 쓰실 때 신경을 좀 써주셨으면 좋겠다 하는 부탁을 좀 드리고 싶고, 선생님들께서 하시는 연구가 저로써는 너무너무 반갑고 좋아요. 저도 가족을 찍을 때 이렇게 함께 할 수 있는 가능성도 있지 않을까 하는 생각도 들고 여러 가지 앞으로 얘기를 많이 해 나가면서 작업을 할 수 있으면 좋겠다는 생각을 합니다.

일본과 한국에서 평생 연기하고 싶은 배우

- 이름 : 젠바라 노리카즈
- 대담일자 : 2013년 4월 7일
- 대담장소 : 도쿄 도요코인(東橫イン) 가부키쵸(歌舞伎町)
- 대담시간 : 1시간 30분
- 대담면담 및 녹음 : 동선희
- 사진 촬영 : 성주현

■ 젠바라(全原德和)

1982년 아이치현(愛知縣) 도요타시(豊田市)에서 재일 3세로 태어났으며 일본 국적을 갖고 있다. 동포 아이들이 수적으로 적은 일본 학교에서 교육을 받았으며, 한국어를 접할 기회가 없었다. 고등학교 졸업후 가업에 종사하다가 도쿄에 가서 애니메이션전문학교에서 수학했다. 이 학교에서 만난 선생님이자 배우 마쓰다 요지(松田洋治)의 소개로 극단 양산박(梁山泊)을 알게 되어 배우의 길을 걷게 된다. 2013년 양산박이 한국에서 공연한 재일동포 100년의 역사를 그린 '백년 바람의 동료들'에 출연했다.

■ 인터뷰에 관해

젠바라 씨는 한국에서 연극 공연할 때 처음 만났다. 연극 공연 준비로 바쁜 상황에서 시간을 내어 도쿄의 가부키쵸에서 인터뷰를 진행하게 되었다. 인터뷰는 일본어로 진행되었다. 지금까지 한국어를 배울 기회가 없었지만 연극 활동을 하며 한국에 올 기회가 많아졌고, 역사에 대해 배우게 되면서 한국어에 대한 갈증이 커졌다고 한다. 어릴 때 민족이 다르다는 이유로 괴롭힘을 받고 스스로 위축된 데 대한 얘기는 깊은 내면의 고백처럼 들렸다. 연극을 사랑하고 배우로서 국가라는 경계를 넘어 활동하고자 하는 열망을 갖고 있다.

■ **구술 내용**

젠바라라는 이름

Q : 혹시 젠바라라는 이름이 많이 있습니까?

A : 일본에 하나밖에 없을걸요. 정말 일본에는 우리 집과 또 한 집이
있을까 말까 하는 정도예요. 정말 드문 성입니다.
우리 집은 경상남도 거창 출신입니다. 저는 3세인데요. 그러니까
우리 할아버지가 거창 출신이지요.

Q : 젠바라라는 이름이 언제부터인가요? 그 이름의 경위라든가.

A : 경위는 1세 할아버지 때부터입니다. 이름, 소위 통명인데, 정한 것
은 할아버지구요. 저는 할아버지를 만난 적이 없어요. 태어났을
때 돌아가셨으니까.
어릴 때 얘기를 하면, 역시 이런 드문 성이 싫었을 때도 있었어요.
가령 소학교 때 아무 나쁜 짓도 안 했는데 '너 조선이지?' 그런 얘
기를 듣고, 정말 화가 났지요. 숨기고 싶다는 느낌도 어릴 때는 있
었고요. 주위는 시골이어서 다들 알아요. 예전부터 거기 살고 있
는 사람은 (이 사람이) 어디서 온 사람이라는 걸 말이죠.
할아버지가 처음에 일본에 와서는 채소장사를 하고요, 돼지를 친
다든지 해서 가축이 있었고 그런 생활을 했다고 해요. 그리고 술
을 담구었는데 막걸리를 집에서 많이 만들어 판다든지 그런 일을
할아버지와 할머니가 했어요. 60년 정도 옛날의 이야기죠.
그런데 할아버지는 채소장사를 하다가 점차 공사현장 트럭에서
짐을 내리는 일을 하게 되었어요. 역시 말을 잘 못하니까 말을 못
해도 할 수 있는 몸 쓰는 일을 시작했어요. 그런 한국인이 많았지
요. 그러다가 건설업을 일으켜서 할아버지가 사장이 되었지요. 그

런데 일하는 사람 중에 저 사람도 재일, 저 사람도 재일 그런 식으로, 건설업이니 재일이 많지요. 말도 모르고 글을 못 읽어도 할 수 있으니까.

내가 어렸을 때는 못 보던 성(姓)이고 주위 사람들이 우리 집이 한국에서 왔다고 다들 알아서, 저 집은 조선이름이다 하고 험담을 하는 일본인도 있었어요. 그런 얘기를 부모가 아이한테 하지요. '같은 클래스의 젠바라 말야, 조선에서 왔어.' 하고요. 그럼 아이들이 '너 조선이지?' 하지요. 내가 어떻게 대응했는지는 기억나지 않지만 정말 그게 싫었던 것은 기억해요. '왜 나는 다른 일본 아이와 조금도 다르지 않는데 왜 이런 얘기를 듣는지, 뭐가 다르다고?' 일본인이 싫었어요. 난 나쁜 짓을 안 했는데 왜 그러나?

'돌아가라'는 얘기도 들었어요. 나는 여기 사는데 어디로 가라고 하나, 한국에는 가 본적도 없는데…

날 도와 준 것은 아버지예요. 학교에서 그런 일이 있어서 집에 돌아와 아버지에게 '학교에서 이상한 얘기를 들었다'고 하면, 우리 아버지는 아주 강한 사람이어서 '누가 그랬어? 집은 어디야?' 해서 곧바로 그 집에 가서 그 부모에게 강력하게 얘기를 하지요.

우리 아버지는 2세이고 와세다(早稲田)에 갔다가 중퇴하고 릿쿄대(立教大)를 졸업한 사람이예요. 아주 머리가 좋았어요. 아버지가 뭐라고 했는지는 기억이 뚜렷하지 않지만, 내가 괴롭힘을 당하면 반드시 그 집에 가서 따끔하게 해 준 거지요. 그런 일이 있으면 다음부터는 그런 얘기를 듣지 않지요. 그러면 아버지가 날 구해줬구나 생각하지요. 그런 일이 여러 번 있었어요.

어쨌든 그런 안 좋은 추억이 있으니까, 소학교, 중학교까지는 역시 감추고 싶다는 생각은 있었어요. 그런데 아이니까 면허도 없고 패스포트 같이 보여주는 것은 없잖아요. 그런데 내 면허를 보면

국적은 한국으로 쓰여 있었지요. 지금은 일본으로 되었지만. (한
국) 패스포트는 녹색이지요. 일본은 빨강이나 흑색이어서 보여 주
면 탄로가 나지요. 면허도 그렇고요. 그때는 그런 일이 없어서 다
행이긴 해도 감추고 싶다는 생각이 계속되었어요.

그런데 언제부터일까요? 고등학교 때에는 감추고 싶다는 생각이
안 들었어요. 스스로 말하지도 않고 누가 물으면 '거짓말이야' 하
고요. 고등학생 정도 되면 그런 일로 이상한 얘기를 하는 사람도
없고요.

특별히 한국인이라는 것을 감출 필요도 없으니까 그때부터는 밝
히게 되었지요. 나도 힘이 세졌으니까 나쁜 얘기를 하는 사람이
있다 해도 힘으로도(웃음)… '그럼 너는 뭐가 뛰어나단 말야?' 하
고 반격하려고 했지요. 자신을 갖고 말을 하니까.

어릴 때의 기억과 가족들

Q : 태어난 해는 언제인가요?

A : 1982년.

Q : 1990년대에 소학교를 다녔으면 학교에는 한 명 밖에 재일코리안
이 없었나요?

A : 있었을지도 모르지만 잘 모르지요. 스스로 말을 하지 않고요. 한
명은 절대 한국인이라고 알고 있는데 그쪽도 말을 안 하고 나도
그 얘기를 안 했지요. 동급생이 170명 있었는데 그 중에 나를 포
함해서 4명은 있었어요.

Q : 주위 사람들이 전부 재일이라서 교류가 많은 경우도 있는데요.

A : 내가 산 지역은 한국인이 모여 있는 곳은 아니지요. 이카이노처럼

한국인이 많이 모인 곳이라면 감추려고 하지 않았겠지요. 한국인 친구들도 많았을 거고. 내가 자란 곳은 한국인이 적었기 때문에 별로 드러내지 않았지요. '아, 이 친구는 재일이다' 하고 서로 알아도 서로 애기를 안 하는 관계였고 학교에서는 이런 거를 알리고 싶지 않다는 생각이 강했지요.

Q : 할머니는 조선에서 오셨나요?

A : 할머니도 같은 경상남도 출신이었어요. 두 분은 일본에서 만났지요. 조선인끼리 선을 봐서. 옛날에는 지금보다 엄격해서 한국인은 한국인하고만 결혼해야 한다고요. 우리 부모도 선을 봐서 결혼했어요.

Q : 세대별로 다른 감각이 있습니까?

구술하기에 앞서 환담하는 모습

A : 우리 아버지는 좀 독특했어요. 김수진(金守珍) 씨보다 몇 살 더 나이가 많지요. 아버지도 역시 학생 때에는 이지메(집단 괴롭힘)라든가 아주 힘든 일이 있었던 것 같아요. 아버지는 그런 사람들과 싸웠다고 해요. 그리고 역시 공부를 해서 훌륭하게 되어서 지금까지 가해를 한 사람들 위에 서겠다고 열심히 공부했어요. 시골이고 가난한 집이었지만 혼자 도쿄에 가서 와세다에 들어가고요. 장남이었어요.

그런 사람은 드물다고 생각해요. 공부를 하려 한 사람은… 아버지 주위에는 역시 재일이 많은데 건설업 하는 사람이나 야쿠자가 된 사람이나, 야쿠자도 많아요.(웃음)

우리 아버지 같은 사람은 한 발짝만 잘못 해도 어떻게 될지 모르지요. 집도 가난하고 나쁜 쪽으로 가는 사람도 많지요. 돈 때문에요. 힘도 세고 그런데 일본 학교 다니고 공부를 해서 말이지요. 들은 얘기인데 할아버지가 일본말을 못해서 그런 일을 하고 사람들로부터 멸시를 받는 것을 보고 난 그러고 싶지 않다고 일본에서 훌륭해지겠다고 한 거죠. 우리 아버지는 나에게 별로 한국의 교육을 시키지 않았지요.

Q : 부모님은 생존해 계세요? 다른 가족들은요?

A : 아버지는 돌아가셨고, 돌아가실 때까지 한국 국적이었어요. 어머니는 도요타시(豊田市)에 살고 있어요. 누나와 여동생이 있고요. 남자는 저 뿐이지요.(웃음)

누나는 민단 일을 했지요. 누나는 아주 개방적인 성격이고 나하고는 정반대의 성격이예요.

누나의 고등학교 졸업 증서에는 본명이 쓰여져 있어요. 나는 젠바라이지만 누나는 전(全)으로 해 주세요 했지요. 그래서 민단에서 감동해서 관계를 하게 되었지요.

저는 반대로 그런 오픈하는 것을 싫어했는데, 여동생은 개방적이에요. 여자들 쪽이 개방적이지요.

누나와 여동생은 도요타시에 살아요. 다른 친척들은 제사 때 다른 곳에서 도요타시로 오지요. 제사를 1년에 3회 하는데 다른 사람들이 보기에 제사 때면 우리 집이 아주 시끌벅적하지요.

Q : 젠바라 씨를 보고 내성적이라는 인상은 받지 않았는데요.

A : 저는 무척 밝은 성격이기는 하지만 어릴 때는 내성적이었지요. 역시 듣고 싶지 않은 얘기가 있고 가리고 싶은 게 있어서.

배우가 되다

Q : 아버지는 와세다에서 무슨 공부를 하셨고 직업은 무엇이었나요?

A : 잘 모르겠어요. 우리 아버지는 야구를 좋아해서 야구부에 들어갔어요. 와세다에서 야구를 하고, 릿쿄대에서도 야구를 했어요. 야구를 하다가 팔꿈치가 나빠져서 야구를 할 수 없게 되었어요. 그후에는 야구를 못하니까 골프를 하자고 해서, 대학을 졸업하고 나서 골프장에 취직했어요. 골프장 일을 하면서 연습해서 프로골퍼가 되겠다는 꿈이 있었어요. 27세까지 골프를 했어요.

그런데 그 27세 때 아이치현(愛知縣)에서 할아버지가 돌아가셨지요. 병으로 위험하다는 얘기를 듣고 돌아왔어요. 그대로 할아버지는 돌아가시고 할아버지가 한 일을 장남이니까 계승했어요. 프로골퍼의 꿈이 있었지만 어쩔 수 없이 아이치현에 와서 할아버지 일을 했지만 아주 열심히 일했지요. 돈도 벌어서 큰 집을 짓고 꽤 잘 살았어요. 제가 어렸을 때는.

아버지가 사장이니까 나도 크면 그 회사를 이어받아서 아마 사장

이 될 거다 하고 쭉 생각했지요. 난 장남이니까요. 그런 생각으로
그다지 공부도 하지 않고 성장했는데요.

막상 고등학교를 졸업하고 아버지에게 여기서 일하겠다고 하니까
'그럼 안 된다'고 했어요. 절대 안 된다, 네가 좋아하는 것을 더 공
부해라 했어요. 아버지는 그 일을 스스로 하고 싶어서 한 것이 아
니기 때문에 아들이 같은 일 하는 것이 마음에 들지 않았다고 생
각해요. 정말 좋은 아버지였는데요. 나는 그걸 알지 못하고 그냥
사장이 된다고 생각한 거지요. 샐러리맨은 싫으니까 잘 되었다 그
랬는데 그게 안 되게 되었어요.

하지만 다른 데 갈 곳이 없었기 때문에 18세부터 24세까지는 아버
지 일을 했는데요. 그런데 아버지 일이 점점 돈이 벌리지 않았어
요. 도로를 만드는 일이었는데 일이 줄어들고 같은 업종 사람들도
다 도산하고 폐업이 많아지고요. 우리도 그만 두었어요. 그건 아
버지의 결단이니까 나는 아무 얘기도 못하고 있었지요. 사장이 될
생각이었는데 할 일이 없어진 거예요.

그래서 시골에 있어도 방법이 없다고 도쿄에 왔어요. 특별히 배우
가 되려고 온 것은 아닌데요. 도쿄에서 뭘 할까 하다가 여러 가지
인연으로 배우를 하게 되었어요.

Q : 배우가 된 계기는 무엇입니까? 어릴 때 꿈이라든가... 저 사람처럼
　　되고 싶었다든가…

A : 난 그걸 모르겠어요.(웃음) 어릴 때 공연 같은 것은 별로 볼 수 없
　　었지만 영화는 아주 좋아했어요. 또 애니메이션을 좋아했지요.
　　배우가 된 이유는 아니지만, 24세 때 도쿄에 와서 전문학교에 들
　　어갔는데 애니메이션전문학교였어요. 나는 애니메이션에서 그림
　　그리는 걸 하려고 들어갔는데, 그 학교는 여러 가지를 해서 무대

설치를 공부하는 데도 있었어요. 그쪽을 보니 뭔가 재미있을 것 같았어요.

그 학교 선생이 모노노케히메(もののけ姫)라고 하는 애니메이션 영화에서 목소리로 주인공 역할을 했어요. 올해 부산에서 하는 공연에도 와요. 마쓰다 요지(松田洋治)[1] 씨라고요. 마쓰다 선생은 그 학교에서 무대를 가르치는 선생을 하고 있었고 나는 거기 따라가서 즐거웠기 때문에 그대로 하게 되었어요. 그러니까 마침 마쓰다 선생과 만나지 않았더라면 이 일을 하지 않았겠지요.

마쓰다 선생에게 무대에 대해 배우고 전문학교를 졸업할 때, 마쓰다 선생이 나에게 소개하고 싶다고 해서 만난 사람이 김수진 씨였어요. 마쓰다 선생이 양산박(梁山泊)을 소개한 거지요.

Q : 김수진 씨와는 어땠나요?

A : 김수진 씨와 만났을 때도 '나는 한국인'이라는 말을 안 했어요. 김수진 씨는 알았을지도 모르지요. 우리 어머니가 처음 내가 양산박 공연할 때 보러 와서 김수진 씨와 인사하면서 '우리도 재일'이라는 얘기를 했어요.

나는 김수진 씨가 무서웠으니까요. 그 사람 아주 무서워요. 얘기를 걸 수가 없어요. 다들 긴장하지요. 그래서 얘기를 안 한 것도 있지요. 사람이 그런 데가 있으니까 좋은 무대가 되지만요.

김수진 씨는 내가 재일이라는 걸 알고는 잘해 주었지요. 2세는 역시 동포애가 강하다고 생각했어요. 나 같은 3세는 그 정도는 아니지요. 민단도 만났지만 민단 사람들도 점점 줄고 있고…

---

[1] 1967년 도쿄 출생. 배우이자 성우. 다수의 TV드라마, 영화, 연극에 출연했다.

Q : 양산박에 가 보니 창고처럼 여러 가지가 쌓여 있고 무대장치 등 많은 것이 있던데요. 무대 장치도 직접 하나요?

A : 배우뿐 아니라 연극과 관계된 것은 무엇이나 합니다. 낮에는 그런 작업을 하고 밤에는 청소도 하고 연습도 하고요.

'백년 바람의 동료들' 에 관해

Q : '백년 바람의 동료들'에 관해 말씀해 주시겠어요?

A : 그 작품은 특별하다고 생각해요. 대본을 쓴 사람은 조박(趙博) 씨 예요. 원래 조박 씨의 백년절이라는 노래가 있는데 그걸 김수진 씨가 듣고 '아 이건 재미있는 노래다' 하고 조박 씨에게 이걸 무대 로 옮겨보자고 요청했다고 해요. 완전히 오리지널로요.

거기 나온 사람 중 재일은 나 혼자였는데 그 연극을 하면서 그 기 분을 좀 안다고 할까요?

같이 출연한 신대수(申大樹)도 재일인데 하프. 어머니는 한국 사 람이고 아버지가 일본 사람이죠. 신대수는 재일이면서도 일본인 역을 했지요. 신대수는 쓰루하시에서 자란 3세예요. 학교는 조선 학교가 아니라 일본학교를 다녔다고 해요. 조선학교는 나쁜 애들 이 많아서 좀 무서웠다고 하지요.

백년절 연습을 처음 한 것은 작년 8월부터예요. 8월부터 도쿄와 오사카, 아이치에서 공연했어요. 올해 3월에 서울에서 하고요. 또 올해 7월에 도쿄에서 하고 다시 9월에 서울에 가요.

재일에 관해 연구하는 분이라면 '백년 바람의 동료들'이라는 연극 을 꼭 봐야 하죠.

연극에 나오는 화가 역 말인데요, 그 사람은 재일이라는 것을 감 추고 살았잖아요. 내가 바로 그런 사람이었어요. 그런데 그 화가 는 당당하게 사는데 저는 그렇지 못했어요. 그러니까 여러 가지

느낌, 일본인들은 잘 알지 못하는 그런 느낌을 갖게 되요.

Q : 연극에도 나왔지만 재일이 가진 다양한 모습을 보여 준 것 같은데요.

A : 재일이라고 해서 똑같지는 않지요. 자신이 한국인이라는 것을 당당히 밝히는 사람도 있고 감추는 사람도 있고 여러 경우가 있어요. 또 귀화해서 자기가 한국인이라는 것을 잊어버리는 사람도 있어요. 실제로는 귀화했지만 '나는 일본인'이라는 사람도 있고요. 요즘에는 귀화하는 사람이 많아요.

Q : '백년 바람의 동료들'에 대해 일본과 한국에서 반응이 다른가요?

A : 달라요. 일본에서 할 때 일본인이 재일에 관한 것을 재미있다고 할지 알 수 없었어요. 재일들이 더 봤으면 좋겠다고 생각했지요. 그 연극에 보면 누군가와 공통된 점을 발견할 수 있지 않겠어요? 그런데 보고서 눈물을 흘리는 거예요. 재일도 일본인도 눈물 흘리는 사람이 많았어요. 아주 평가가 높았지요. 친구들을 불렀는데 다들 또 한 번 보고 싶다고 했지요.

양산박에 가면 작년 일본에서 공연한 DVD가 있어요. 조박 씨의 노래 CD는 정말 연극의 시작이라고 할 수 있지요.

Q : 이번(5월 8~10일)에 부산에 가서 공연하는 연극에 대해 말씀해 주세요.

A : 부산 해운대의 부산시네마센터에서 공연해요. 일본의 '도겐아이카(道玄哀歌)'라는 것이죠.

도겐은 사람 이름… 로미오와 줄리엣 비슷한 거예요. 사랑을 이루지 못하고 같이 죽자, 다시 태어나서 함께 하자는 거예요. '백년

구술하고 있는 젠바라

바람의 동료들'과는 전혀 다른 연극이예요.

그런데 연극을 해서 한국에 가게 되어 정말 행복한 일이라고 생각
해요.

한국말을 배우고 싶다

Q : 젠바라 씨는 조선학교가 아니라 계속 일본학교에 다녔지요?

A : 아이치현에도 조선학교가 있었어요. 조선학교에는 들어가고 싶지
   않았어요. 싸움만 한다고 해서. '박치기'라는 영화처럼요.

   일본학교는 점점 이지메가 줄었다고 하지만, 아직도 있지요.

   나는 겉으로는 일본인과 다름없이 한국말도 못하고 글자도 못 읽
   어요. 내 이름도 못 쓰지요.

그런데 이제 한국에 많이 가니까요. 한국인인데도 말도 못하고 읽지도 못하는 것이 부끄럽다고 생각해서… 지금 좀 바빠서 공부는 못하지만 연극이 끝나면 시간을 내서 제대로 공부를 하고… 우선은 글자를 읽을 수 있도록 하고 싶어요. 글자가 소리를 조합한 것이니까 비교적 읽는 것은 쉽다고 생각해요.

올해 5월에 갈 때는 아직 시간이 부족할 테지만, 내년에 갈 때는 글자는 읽을 수 있도록 하고 싶습니다.

Q : 한국에 처음 온 것은 언제입니까? 지금까지 몇 번이나 왔나요?

A : 소학교 때 여행을 갔어요. 그리고 연극으로는 이번 2주간의 서울 공연, 올해 5월까지 합하면 네 번이예요. 매년 가서 '이제부터 공부할께요.' 하고 여러 사람에게 말하고 그걸 못 지켜서(웃음). 말을 못 하는 것은 너무 싫어요.

한국에서 점점 친구들도 느는데요. 역시 읽지 못하고 잘 몰라서… 지금부터 해야지요.

서울에 가면 매일 혼자 다녀요. 젊은 사람들이 많이 가는 홍대도 가 봤고, 대체로 동대문에 많이 가지요. 술도 마시고요. 야채가 많아서 좋고 막걸리를 먹지요. 값도 싸고 해서 큰 즐거움이죠.

한국 요리도 이전부터 마늘이 많이 들어간 것이라든가 집에서 먹었거든요. 김치는 어머니는 하지 않았지만 할머니는 만들었어요. 어머니는 할머니에게 김치 만드는 법을 배우지 않았어요. 혼자 만들면 실패하고.(웃음) 그러니까 옛날부터 음식을 먹으면서도 그것이 한국 요리라는 것을 모르고 먹었어요.

Q : 지금부터 하면, 천천히 조금씩 늘면 되지요.

A : 그런데 정말 전에는 한국인이라는 것이 싫었는데 이렇게 살면서

점점 생각이 바뀌었어요. 이제는 한국인이라서 좋다고 생각하고
두 개의 나라를 가진 것 같아서 재미있어요. 한국에 간다고 해서
외국이라고 생각하지 않으니까요.

북한에도 가고 싶어요. 좀 두렵지만요. 재미있을 것 같아요.(웃음)

Q : 한류 붐에 대해서는 어떻게 생각하나요?

A : 나는 소녀시대, 카라 같은 그룹을 좋아해요. 다들 좋아하구요. 얼
굴도 한국 쪽이 더 예뻐요. 내 취향과 맞아요. 카라의 CD를 갖고
있고요. 한국에 갔을 때 좋아하는 그룹의 사진집이나 포스터를 파
는 것을 보고 갖고 싶었어요.(웃음) 여자배우 중에서는 하지원, 이
민정을 좋아해요.

배우라는 직업

Q : 월급은 혹시 양산박에서 받나요?

A : 내가 한 부분은 받습니다만, 그건 급료는 아니지요.

지금 하고 있는 연극에 대해서는 다른 극단에서 수당을 받지요.
내용은 일상적인 걸 다루고 있는 건데 아주 작은 극장에서 공연해
요. 인간의 일상의 드라마라고 할 수 있지요.

그런데 아직도 연극을 안 할 때는, 예전에 했던 일이지만 공사현
장에 가서 일을 해요. 돈을 벌기 위해(웃음).

Q : 100년절 연극에서 스파이 혐의로 한국에서 고초를 당한 인물이 나
오는 걸 봤는데요. 그런 연극에 출연하면서 한국 역사에 대해 배
웠다고 생각하나요?

A : 어릴 때 친척이 나에게 '너 전두환 친척이지?' 한 적이 있어요. 내
가 전씨라고 그런 것 같아요.(웃음) 그때는 아무 것도 몰라서 '누

군데?' 했더니 '한국에서 제일 나쁜 놈'이라고 했지요.(웃음)
물론 연극을 통해 많은 것을 배웠어요. 4·3사건에 대해서도 처음 알게 되었고.
우리 할아버지와 할머니가 어떻게 해서 일본에 오게 되었는지 알고 싶어요. 물어보려 해도 지금은 물어볼 수가 없고… 돌아가셨으니까요. 여러 이유가 있겠지요. 특히 왜 아이치현으로 왔는지 말이예요. 나는 B형인데, 일본인 중에는 B형이 적고 한국에 많다고 들었어요.

Q : 연극을 하면서 만난 사람 가운데 인상적이었던 사람, 기억에 남는 사람이 있나요?

A : 오태석(吳泰錫)[2] 선생 대단한 분이예요. 함께 밥을 먹었을 때도 노래도 하고 춤도 추고요. 할아버지인데도 건강하시고 말이죠.
극단을 운영하시는데, 정말 제대로 하는 극단이라는 느낌을 받았어요. 그쪽 배우들과의 교류도 더 하고 싶은데요, 역시 언어 문제가 있어요.
커뮤니케이션을 위해 내가 더 공부를 해야 해요. 일본에 오는 한국 분들은 준비를 잘 하고 오는데요. 김수진 씨의 양산박에도 가끔 한국에서 와서 할 때가 있는데 다들 일본어를 하거든요. 나도 한국말을 하면 교류도 더 잘 할 수 있고 한국 극단에서 연극을 할 수도 있지요.
제 꿈은 한국어를 잘 배워서 한국에서 한국 배우들과 함께 한국 연극을 하는 거예요. 일본어로 하고 한국어 자막을 하는 것이 아니라. 또 한국 영화도 할 수 있지요.

---

[2] 1940년생. 연세대 철학과를 졸업하고 극작가, 연출가로 활약하고 있다. '백마강 달밤에', '도라지', '천년의 수인' 등이 대표작.

Q : 한국 영화를 좋아해요?

A : 많이 보았지만 가장 기억에 남는 것이 양익준[3] 씨의 영화예요. 폭
력적인 내용이지만. 일본어 타이틀은 '살아갈 수 없다'는 건데요.
그 영화가 너무 좋았어요. 한국어 타이틀은 '똥파리'군요. 재미있
어요.

일본에서도 영화 작업을 하지만 한국 영화가 재미있어요. 일본에
서도 한국 영화를 렌탈해서 볼 수 있어요.

한국 드라마는 보고 싶지만 별로 시간이 없어요. 김수진 씨는 드
라마를 아주 좋아해요. 선덕여왕을 좋아하는데 너무 길잖아요.

Q : 또 다른 꿈은 있습니까? 가령 언젠가 감독이 되겠다든가.

A : 감독은 아직 생각하지 않아요. 아직이지요.

이 일을 하면서 꿈이라면 죽을 때까지 이 일을 하고 싶다는 거지요.
역시 도중에 포기하는 사람이 많으니까요. 그만두고 다른 일을 하
는 사람이 많지만 나는 죽을 때까지 하고 싶어요.

연극 공연을 위해 한국에 간다든가 일본에서 투어를 한다든가 하
는 것은 정말 좋은 기회지요. 내가 하고 싶은 일을 하면서 멀리
여러 곳을 다니는 거 즐겁잖아요. 한국에서도 여러 곳을 더 다니
고 싶어요.

할아버지 고향인 거창은 제일 가고 싶지요. 거기에 선조의 묘가
있어요. 꼭 가고 싶어요. 가면 울지도 모르겠어요. 먼 친척이 아직
계실지도 몰라요. 우리 할아버지 형제의 자식들이라든가 만나고
싶어요.

---

[3] 1970년생. 영화 감독이자 배우. 그가 감독 주연한 '똥파리'는 독립영화 최초로 관
객 10만 명을 돌파했다.

민족교육 속에서 성장한 재일교포 3세

- 이름 : 현가야
- 구술일자 : 2013년 8월 6일
- 구술장소 : 순천 청암대 재일코리안연구소
- 구술시간 : 45분
- 구술면담자 : 동선희(인터뷰)
- 촬영 및 녹음 : 성주현

■ 현가야(玄伽倻)

1989년 오사카에서 태어난 재일 3세. 조부모는 제주도 출신이며 부모의 영향으로 유치원부터 중학교까지 백두학원에서 민족교육을 받았다. 고등학교는 일본 학교를 진학했고 고베대학과 고베대학원에서 도시계획을 전공하고 있다. 2012년 대학원 석사과정을 휴학하고 한국에 와서 9개월 과정으로 어학당에서 한국어를 공부했다. 한국에 있으면서 많은 사람들을 만날 기회를 가졌고, 특히 김인숙(사진가), 김명권(도시계획 전공자)의 기획으로 서울 창동에서 실시한 '마을 만들기' 프로젝트에 코디네이터로 참가한 것은 귀중한 경험이었다.

■ 인터뷰에 관해

본 인터뷰는 현가야 씨가 순천 재일코리안연구소를 김인숙 씨와 함께 방문했을 때 이루어졌다. 한국어를 상당히 잘 하지만 본인은 아직 생각만큼 말이 늘지 않았다고 겸손해 한다. 인터뷰는 주로 일본어로 진행했다. 나이에 비해 주관이 뚜렷하고 장래 한국에서 활동하기를 바라고 있다. 재일 3세로서는 다소 이례적으로 중학교까지 민족교육을 받았으며, 그 경험을 소중히 생각하고 있다. 인터뷰 내용은 자신이 받은 교육과 한국에 와서 느낀 점, 앞으로의 포부를 중심으로 이루어졌다.

■ 구술 내용

오사카에서 받은 교육

Q : 재일동포 3세인가요?

A : 조부모님들이 계시고요. 아버지는 2세, 어머니는 3세이니까 저는 3.5세라고 할까요.

Q : 혹시 원래 출신이 어디인지 아세요?

A : 어머니 쪽은 경상남도로 알고 있어요. 아버지 쪽은 제주도이고 제주도에 선조들의 묘가 있어요.

Q : 오사카에 사나요?

A : 오사카에서 태어나서 자랐어요. 지금도 집은 오사카에 있고, 대학은 고베대학(神戶大學)인데 오사카에서 고베까지 통학을 했어요.

Q : 민족교육을 받았지요?

A : 유치원 때부터 백두학원에 다녀서 중3 때까지 백두학원, 그러니까 건국학교에 다녔어요. 백두학원에서는 일본 학생이 몇 명밖에 없었지요.

Q : 고등학교는 일본 학교를 갔네요. 혹시 일본 학교에 간 이유가 있나요?

A : 대학이나 취직으로 일본사회에 갑자기 들어가는 것보다 좀 전에 경험을 하고 싶다고 생각해서 일본 고등학교에 갔어요. 그건 잘한 것 같아요.

일본 고등학교에 들어가니까 너무 달랐어요.

건국학교는 작은 학교였거든요. 그리고 유치원부터 쭉 똑같은 친구들. 주변에 같은 친구들만 있으니까요. 한 반에 20명 정도, 반이 2개 밖에 없어요. 작은 학교에 다니다보니까 거의 친구들의 형제들도 알고 어머니까지 아는 사이가 되었지요.

일본 고등학교에 들어가니까, 한 반에 40명씩 여덟 클래스가 있었어요. 한 학년에 300명이 넘는 큰 학교였구요. 나와 같은 또래의 일본사람들을 처음으로 많이 만났어요. 그러다보니 다른 점이 많고 생각보다 일본 사람들이 재일동포에 대해 모른다는 생각이 들었어요.

백두학원에서는 역사 교육도 받았고, 한국어, 한국 문화 교육을 받아서 한국에 대해 알게 되었어요. 그런데 일본 사람들은 너무 몰랐어요.

어떤 사람들은 중국어를 할 수 있냐 하는 질문도 받았다고 하는데, 저는 언제 한국에서 왔느냐 그런 말을 들었어요. 고등학교 들어갔을 때는. 한국말을 할 줄 알면 언제 한국에서 왔냐, 그 엄마가 한국 사람이냐, 아빠가 한국 사람이냐 하고요. 아니면 혼혈인 줄 아는 친구들도 있고요. 그렇게까지 모르리라고는 생각을 못했어요. 오사카 덴노지(天王寺)에 있는 학교라서 재일교포들도 거기에도 많아요. 한 반에 한 명 정도는 있고, 주변에도 많은데 모르는 사람이 너무 많다는 것이죠.

Q : 너무 차이가 났네요.

A : 저는 부모님이 백두학원에 다니게 해 준 것을 그걸 감사하게 생각해요. 저는 내가 누군지, 아까 김인숙 선생님은 한국에 와서 내가 누군지 하는 고민을 많이 했다고 하셨는데, 나는 그런 고민을 해 본 적이 없어요. 아마 그분이 여기 한국에 오셨을 때와 제가 한국

에 왔을 때 시대가 많이 변한 것도 있고, 왜 일본인이 되지 않았느냐 하는 소리를 들은 적이 없어요.

계속 부모님이 말해 주셨고, 내가 한국 사람이란 데 대해 의심을 가진 적이 없어요. 그게 행복한 일인 것 같아요.

고등학교 들어가서 저와 다른 환경에서 재일교포들을 몇 명 만나게 되었는데, 예를 들면 어떤 친구는 초등학교 중반까지 내가 한국 사람이란 걸 몰랐다거나, 부모님은 한국 사람이라고 하시는데 내가 한국말도 할 줄 모르고 일본에서 태어났고 내가 진짜 한국

구술하는 현가야 씨

사람인지 모르겠다거나, 아니면 한국 사람이라고 나는 생각하는
데 일본에서 차별이 줄었다고 해도 아직 있으니까 차별을 당해서
힘들다거나 그런 친구들을 만났어요.

저는 그렇지만 백두학원에 있어서 차별이 밖에서는 있었는데 저
는 느끼지 못했고. 일본에서 자라나서 한국말도 그렇게 잘 못하지
만 그래도 한국 사람일 수 있다는 생각이 들어요. 그럴 수도 있다
고 생각해요.

사람마다 다르니까. 일본에서 태어나면 일본 사람이고 한국에서
태어나면 한국 사람이고, 그런 생각은 안 해요. 그건 백두학원에
다녔기 때문에, 그리고 그때 백두학원 다녔을 때 조선학교와 달리
수업은 일본어로 배웠어요. 영어나 사회, 과학은 다 일본어로 해
요. 그런데 한국어 수업이랑 한국 역사, 한국 지리, 전통무용 같은
한국 문화 수업이 따로 있어요.

또 한국어를 별로 잘 못하는 친구도 있고 한국어를 잘 하는 친구
도 있고요. 일본에서 태어난 친구들도 있고 한국에서 태어났는데
아빠 일 때문에 일본에 온 친구도 있어요. 전 한국에서 온 친구들
하고도 친해졌는데, 한국어 수업 반이 몇 개 있어요. 한국에서 온
친구들이 따로 하고 일본에서 태어난 친구들이 따로 하는데 저는
한국에서 온 친구들하고 같이 배웠어요.

계속 여기 오기 전에도 한국어를 들을 수는 있었어요. 초등학교에
서부터 한국어를, 한국에서 쓰는 교과서를 가지고 공부했기 때문
에, 언젠가는 한국으로 돌아가는 친구들이 그 반에서 배우니까 저
도 똑같이 배웠어요. 저는 그렇게 배우고 한국에 왔는데 일본에서
태어난 아이들 반에서 배운 친구들은 그렇게까지 못하지요.

한국에서 온 친구들과 같은 반에 들어간 것은 어머니가 그렇게 생
각했기 때문이예요.

한국에 와서

Q : 그렇게 해서 한국에 왔네요. 언제 여기 왔지요?

A : 예. 작년(2012년) 9월에 왔어요. 9개월 동안 이대 어학당에 다니면서 한국어를 배우고 있어요. 일본에서 대학원 석사 과정에 다니다가 휴학하고 온 거예요.

Q : 9월이면 일본에 돌아간다고 했는데 또 한국에 올까요?

A : 그건 잘 모르겠어요.

Q : 만약 직업이나 일이나 한국에 올 일이 있다면 여기에 와서 살 수도 있다고 생각하는 건가요?

A : 예. 여기 오기 전에는 한국에서 일하는 것이 불가능하다고 생각했는데 여기 오니까 여기서 많이 배웠는데, 일본에서 생활하면 잊어버릴 것 같아요.

한국하고 일본하고 왔다 갔다 할 수 있는 일을 찾으면 좋겠는데, 제가 하고 싶은 일이 도시계획이나 마을 만들기인데 그것을 여기서 직업으로 하는 것은 어렵다는 얘기를 많이 들었어요. 그래서 좀…

Q : 작년에 한국에 오게 된 계기가 있나요?

A : 왜 한국에 왔느냐고 많이 묻는데요. 그 질문에 대해서는 어렸을 때부터 한국어를 공부했으니까 언젠가는 완벽하게 할 수 있게 되고 싶다는 바람이 있었고요.

또 궁금했어요. 한국 사람들이, 한국에서 태어난 한국 사람들이 어떻게 생각하고 어떻게 살고 어떻게 행동하고 하는 것. 저랑 다른 점이 있을 수도 있고 없을 수도 있고 그걸 잘 모르겠고. 그런 것을 직접 느끼고 싶었어요.

여기서 살고 한국 사람들이 어떻게 생각하는지를 알고 싶은데 저는 한국어를 잘 해야지 그것을 알 수 있잖아요. 저는 한국어가 번역되거나 통역된 것을 잘 믿을 수 없어서. TV 같은 데 보면 한국말이랑 자막 내용이 약간씩 다를 때도 있고 많이 다를 때도 있어요. 내가 그걸 확실하게 하고 싶어서 한국어를 더 배우려고 했어요.

그런데 1년밖에 없었으니까 한국어를 배우는데 모자라요. 김인숙 선생님은 여기 와서 억울한 경험도 있었고 좋은 경험도 있었다고 했는데, 저는 여기 와서 좋은 사람만 만났어요.(웃음) 진짜로.

Q : 여러 가지 경험을…

A : 저는 회사에 다닌 것도 아니고 어학당에만 갔고, 외국 친구들만 있고 거의 일본 사람이었어요. 이화여대 어학당은 거의 일본 사람들이예요.

그래서 좀 여기가 한국인지 일본인지 모르겠고, 한국 사람과 만날 기회가 많이 없었고요. 여기까지 왔는데. 그런데 여기 온 지 석 달 정도 지나서, 작년 10월에 김인숙 선생님을 만났어요. 그 후부터 한국 사람들을 많이 만나게 되었어요. 일을 도와드리면서. 초등학생들이나 미술 하는 사람들이나 소개를 많이 해 주고.

제가 한국 사람을 만날 때에는 전부 제가 아는 사람이 소개해 줘서 만나요. 좋은 사람이 소개해 주는 사람은 좋은 사람뿐이지요.(웃음) 그 인복(人福)이 많다고 해야 되나. 억울한 경험도 없고 한국 사람한테 스트레스를 받은 적은 없는데 여기 와 있는 일본 사람에게 스트레스를 받아요.(웃음) 그런 스트레스를 받은 것은 많이 있어요.

Q : 한국에 사는 일본 사람인가요?

A : 아니요. 잠깐 어학당에 왔고, 여기서 살고 싶다거나 하는 사람이
라기보다는. 왜냐하면 일본 사람들이 한류를 좋아하니까요. 그냥
놀러온 것 같은 사람들이 좀 있어서. 한국에 대해 깊이 이해하고
싶다는 생각을 하는 친구들도 있지만 그런 생각으로 온 게 아닌
친구들도 많아요.

여기까지 왔는데 선입견에서 벗어나지 못한 친구들도 많아서. 나
는 계속 외국인으로서 일본에서 살았잖아요. 재일교포는 일본에
서 외국인이잖아요. 그래서 저는 선입견에 대해서 좀 예민해요.
예를 들면 그 고시원에서 사는데 새로 일본 사람이 들어왔어요.
그 친구가 여기 온 지 아직 1주일도 안 지났는데, 한국어도 전혀
못해요. 그런데 여기서 미용사로 1년간 일해 보고 싶다고 왔거든
요. 그런데 '한국 여자는 기가 세 보인다'는 얘기를 하는 거예요.
그런데 그 친구는 아직 한국어를 모르고 혼자서 외롭고 그러니까
상대방이 어떻게 생각하는지 모르지요. 저는 그렇게 하는 말이 되
게 싫었어요.

고등학교를 일본 학교를 다니다보니까, 재일교포나 한국과 일본
역사에 대해서 모르는 친구들이 생각 없이 하는 말이나 선입견이
들어간 말에 스트레스를 받을 때가 있었어요. 그래서 좀 예민해졌
고 저는 선입견을 안 가지려고 많이 노력을 하는 편이예요.

선입견을 누구나 피할 수는 없지만, 저도 선입견이 있고 그런데
모든 생각의 반 이상이 선입견으로 되어 있다는 생각이 들어요.
그러니까 선입견을 되도록 갖지 않도록 의식을 하지 않으면 쉽게
말려들어가게 되지요.

그러니까 무슨 행동, 내가 무언가를 할 때 그것이 재일한국인에
대한 선입견으로 연결된다는 생각을 하면서 행동을 하지요.

Q : 가족과 떨어져서 생활하는 것이 처음인가요?

A : 예 그렇지요. 지금 스물다섯 살인데요. 대학과 대학원 모두 집에
서 다녔고 집에서 가족들과 함께 살았어요.

Q : 한국 사람들에게 자신이 어떻게 비춰질까 의식을 하나요?

A : 저는 한국 사람들에 대해서는 그런 의식을 하지 않고요. 여기 온
일본 사람들을 대할 때 그걸 의식해요. 재일교포의 이미지에 대해
일본에서도 건국학교를 졸업할 때까지는 의식을 하지 않았지만
졸업한 후에는 의식을 하게 되었고요. 뭐랄까 의식을 할 수밖에
없지요.

Q : 한국에 온 것이 자신의 꿈을 넓히는 기회가 되었으면 좋겠네요.
여러 가지 경험도 하고. 동강¹⁾에도 가 보았나요?

A : 예, 김인숙 선생님과 함께 갔는데요. 경치가 좋은 곳이고 강원도
는 처음이었으니까요.
제가 전에도 한국에 여행을 온 것은 15회, 16회 정도 되는데요. 제
주도에 할아버지의 묘지가 있어서요.

Q : 여행을 많이 한 편이네요.

A : 예. 아버지가 공장을 하시는데 휴가 때에 가족 다 같이 여행을 오
거나 어머니랑 둘이서 오기도 했어요.
요즘 재일교포 중에는 제가 좀 특이할지도 모르지만, 제 주위의
재일교포 아이들은 일본 이름을 쓰고요. 일본으로 귀화한 경우도
많아요. 그런 사람들은 한국에 대해서는 그렇게 큰 관심을 갖거나

---

¹⁾ 강원도 영월군에 있는 동강사진박물관에서는 2013년 7월 19일부터 9월 22일까지
'동강국제사진제 젊은 작가전 청춘콜렉션'을 열었다.

하지 않지요.

Q : 역시 부모님의 영향과 어릴 때의 교육 덕분에 다른 애들보다는 조
    상 성묘 등을 더 많이 했다고 할 수 있나요?

A : 예, 그리고 여행을 했지요. 제주도에 친척이 몇 분 계셔서 만나고
    요. 유학한 뒤에도 여기서 만났어요.

    그런데 나 같은 재일들은 점점 수가 줄어드는 것 같아요. 건국학
    교도 그렇고 조선학교의 학생들이 줄고, 국제결혼이 늘고 있으니
    까요. 일본인과 결혼하는 사람이 많지요.

    저는 일본 사람과 결혼할 마음은 없지만…(웃음) 결혼하기가 어려
    울 것 같다는 생각도 들고. 결혼할 기회가 없을 것 같아서요.

Q : 형제는 있나요?

A : 오빠가 한 명 있어요.

Q : 오빠도 백두학원에 다녔어요?

A : 예. 고등학교부터는 일본 학교에 다니고요. 오빠도 같이 제주도에
    왕래했고요.

    형제라도 서로 달라서 오빠는 한국어를 그리 잘 못한다고 할까.
    백두학원에서는 배웠지만 졸업 후에는 공부할 기회가 없기 때문
    에 저도 의식적으로 공부를 하기는 했지만 생각만큼 능숙해지지
    는 않았어요. 여기 오면 더 잘할 줄 알았는데.(웃음)

도시계획에 대한 꿈

Q : 도시계획에도 많은 분야가 있을 거라고 생각하는데 관심 있는 분
    야는 어떤 건가요?

A : 도시계획이라고 하기보다는 마을 만들기 쪽에 관심이 있어요. 그
것이 뭐냐 하면 마을에서 사람들이 서로 알면 좀 더 이해하려고
하고 상대방에 대해 친절해지게 되지요.

제가 재일이니까 일본에 친해진 친구들은 내가 재일이라는 걸 알
고요. 나를 알기 전보다는 재일에 대해 상냥해질 것이라고 생각해
요. 그러니까 이해할 수 있는 여지가 생겼다고 할까요.

그래서 사람들이 서로 알 수 있는 기회가 많아지도록 하는 것이
좋겠다. 이번 프로젝트²⁾에서도 지역에서 할아버지, 할머니들과
아이들이 교류하는 기회가 생겼고요. 서로 만나면 서로 어떻게 도
울 수 있을까 하는 생각이 가능하지요.

예를 들면 아파트 같은 데서 이웃에 사는 사람이 누구인지 모르는
상태와 서로 잘 아는 상태는 전혀 다르다고 생각해요. 만약 옆집
에서 시끄러우면, 서로 모르는 경우에는 그냥 시끄럽다고 화를 내
지만, 서로 아는 경우에는 이해를 해 주지요. 아이들이 떠들어도
애들이 힘이 넘쳐서 그러는구나 하고 이해할 수 있어요. 잘 타이
를 수도 있고.

그러니까 서로 아는 기회를 만드는 것이 마을 만들기의 시작이고,
또 작품을 통해 아이들에게 우리가 사는 지역이나 마을, 학교 같
은 옛날이야기를 전달해 주는 것도 있어요. 이 마을에서 산 어른
들, 아버지, 어머니, 아이들이 동떨어진 것이 아니라 연결되어 있
다는, 연장선상에 있다는 인식이 생기지요. 그런 의식이 생기면
마을에 대해서도 학교에 대해서도 소중히 여기자는 생각을 하게

---

2) 2013년 5월 9일부터 30일까지 서울 창동 신창초등학교에서 실행한 '소년들이 소
년들에게 Continuous Way)'라는 프로젝트를 말한다. 주도자들은 이를 '마을 만들
기'의 일환이라고 보고 있으며, 창동 지역 초등학생들이 지역 어르신들이 간직한
역사와 에피소드 등을 보고 경험할 수 있는 워크숍으로 기획되었다.

되요. 애착이 있으니까요.

그런 부분에 대해 더 공부를 하고 싶어요.

Q : 이번 프로젝트에 참가해서 많은 것을 직접 해보고 얻는 것이 많았
을 것 같아요. 혹시 성미산에 가본 일이 있나요?

A : 가 보았어요. 일본에서 NPO단체가 왔을 때 그곳을 안내해서 통역
을 했어요. 그것도 마을만들기의 하나라고 생각해요. 그런데 성미
산의 경우에는 공간적으로 그것이 이루어졌다기보다는 점과 점이
연결된 형태라고 생각했어요. 그러니까 시설이 하나하나 만들어
져 있지만 마을이 공간적인 형태로 이루어지지는 못한 것 같아요.